LUMINAIRE
光启

守望思想　逐光启航

童楼清 译

别认输，惠子

負けないで！

Keiko Ogasawara

小笠原惠子 著

上海人民出版社　　　LUMINAIRE BOOKS
光启书局

目录

前言

"我想成为职业拳击手。"

这句话我对朋友，对爸妈……对任何人都没能说出口。

"我通过了职业拳击手的认证考试。接下来是我职业生涯的第一场比赛。"

我告诉身边的人之后，大家都到后乐园大厅[1]来为我加油。

没想到会有这么多人来看我比赛，当时我高兴得眼泪止不住地往下掉。

---

[1] 后乐园大厅，毗邻东京巨蛋的日本著名体育场馆，被称为"日本格斗圣地"，众多日本格斗运动相关赛事都在此举办，最多可以容纳2500名观众。—— 译注。本书注释如无特别说明，皆为译注。

这十年间，周围的人虽然知道我在练拳，可他们大概没想过我的目标是成为职业拳击手吧。

别人经常问我："为什么练拳击？"而我总是含糊地回答："为了减肥。"

成为职业拳击手才是我真正的想法。可我却羞耻地怯于告诉别人。一个女孩子，练什么拳击？趁早放弃吧？我虽然耳朵听不见……但我断定他们知道了一定会这样嘲讽我。

我是听力障碍者。这个身份是我走上职业拳击手之路所要面对的巨大障碍。

我很清楚，如果耳朵听不见，那在拳台上格斗会很危险，会让台下的观众不安。尽管如此，我依然戴着拳套站上了拳台，完成了包括新空手道[1]、踢拳道[2]、对抗练习友谊赛在内的十多场比赛。

我想证明就算耳朵听不见也能掌握格斗术，也能参

---

[1] 新空手道，佩戴拳击手套进行的全接触式空手道，分K2、K-3、K-4三个段位。

[2] 踢拳道，源于日本，在拳击、空手道基础上新创的站立格斗技，可以使用拳击及踢腿攻击。

加比赛，所以想取得职业拳击选手的资格。可是这件事一点都不简单。每家拳馆都对我说"不可能"。我的自信一点一点地塌陷，甚至一度放弃拳击。

直到我走进了TOKUHON真斗拳馆[1]。

我为什么坚持练拳呢？直到现在我依然时不时会这么问自己。我小时候上的是普通学校，和正常人在同一个环境下长大。然而，不论是在学校里，还是后来进入社会，我都习惯把自己放在社会弱势群体的位置。可我打心底是不想输给正常人的。也许只有拳击能纾解我这份不甘的心情。

在真斗拳馆练习的过程中，我似乎终于明白了自己坚持拳击的意义。我不想向之认输的对象究竟是谁呢？看起来是一对一的拳击，其实背后有很多人在共同参与。是这些人支撑着拳击手站在拳台上。

经过了很长很长时间，我终于意识到了这一点。

---

[1] TOKUHON真斗拳馆，作者所属拳馆的全名，原书混用全名与略称"真斗拳馆"，并无带有意图的特意区分，只是写作行文的随机结果。为阅读方便起见，下文除特别强调处，均取略称"真斗拳馆"。

第一部
迈向职业拳击手之路

Part One
プロボクサーへの道

作者在真斗拳馆，拳台背后的墙上，挂着"挑战"二字

我想成为职业拳击手

抵达拳馆

　　拳馆位于荒川区闲静的住宅区内。2009年7月4日，我抵达这里的时候时针刚走过6点。按理说应该5点左右就能到，可是我迷了路，本来从车站步行过来只有15分钟的距离，我却绕来绕去走了快1个小时。那是个闷热的夏日，等我终于看到写着"TOKUHON真斗拳馆"的招牌时，已经浑身是汗。

　　挂着招牌的房子看上去不过是一栋普通的民居。我有些犹豫地按下了大门侧边的门铃。

　　门开了。一个戴着黑框眼镜的光头男人走了出来。来之前我查过这家拳馆的官网，于是立刻便认出眼前这个男人就是拳馆的馆长佐佐木隆雄。

"您好，我是刚才打电话申请入门体验的小笠原。"

我的手里提着装有运动服和运动鞋的包。

其实来之前打电话给拳馆的人，不是我，而是我的母亲。我患有先天性听力障碍，耳朵听不见，所以不可能在电话里和别人交谈。

母亲挂完电话后对我说："拳馆的人说几点都可以。"我随即对母亲追问道："你告诉他们我耳朵的事了吗？"

"没有。"

"为什么？"

"如果说了没准就被拒绝了。总之你先去，争取证明给他们看你能打拳？"

"嗯……也是……"

我小声回应道。母亲说的没错。之前我去其他的拳馆，如果提前告诉对方耳朵的事，对方几乎都会面露难色。这也是意料之中的事。一个女生，况且耳朵还听不见，哪家拳馆都会觉得很棘手吧。

当我说出自己是来上入门体验课之后，馆长对我说了些什么。然而我并不知道他说了些什么。

"不好意思，我耳朵不太好。"我说。

话音刚落，馆长就用手指了指自己的眼睛，然后把手大幅度地往左右摇摆，这回放慢语速开口对我说道：

"我眼睛看不见。"

这一刻我才知道这家拳馆的馆长眼睛看不见。

"这下该怎么办。"

一瞬间我在心里说道。我担心自己的发音会很难听清。再加上平时我是通过表情和手势来表达自己的感受，如果对方看不见的话，我的表达就无法传递出去。

但是馆长好像没有一丝动摇。"请进。"他平淡地说道。

后来我才知道馆长说过这么一句话："我一个失明的人，如果拒绝一个失聪的孩子的入门申请，一定会遭报应的。"

我在前往真斗拳馆之前，花了很多功夫在网上搜索接收入门生的拳馆。东京都内的拳馆非常多，我排除了费用高昂和交通不便的地方，再从剩下的里面找出符合条件的地方，尝试申请入门体验。有一家拳馆，当我告知对方自己耳朵的事后，场馆的人犹豫地表示"请稍等"。接着，就从电话里传来了和什么人商量的声音。过了一会儿，对方终于答复道"请下周过来"，并告诉了我具体的日期和时间。

我按照约好的时间前往。见到拳馆的人后，"没准这家行得通"，我想。抱着渺茫的期待，心一横开了口，问对方自己能否在这里取得职业资格。可得到的回答却是"很难"。这样一来，我便无法在那里进行自己想要的练习。最后不得不放弃这家拳馆。

真斗拳馆的信息，是在这件事发生后的某一天，我在网上偶然看到的。那里每个月的会费不是特别贵，离家也近，于是我做好被拒绝的心理准备决定去看一看。

双目失明的拳击教练

来到真斗拳馆后，我跟在馆长身后走进去，在参观者专用的座位上坐了下来。会馆由馆长夫妻的住宅一层改建而成。里面已经有几位学员正在练习。可我的心思都在馆长身上。

"这个人会直接指导学员吗？可他刚才说了自己眼睛看不见……"

这时，馆长拿着拳套走进场馆深处的拳击台。他好像对着谁喊了一句，紧接着一位身材魁梧的男性穿过围绳走了进去。

拳馆最里面的墙上挂着装裱起来的一幅毛笔字，上面大大地写着两个字："挑战"。馆长和那位男性背对着它，仿佛把这两个字扛在肩上似的，开始在台上进行手靶练习。

"乓！乓！"

耳朵听不见声音的我，也感受到了拳头击中手靶的冲击。学员强有力的出击重重地落在了馆长的手靶中心。多年的拳击学习经验让我很快明白"这个人有丰富的指导经验"。

此时，我已经完全忘记了自己来这里的目的是进行入门体验，我的视线一直在追寻馆长的动作。

"眼睛看不见却还一直在坚持拳击，教人拳击……"

一瞬间，一股滚烫的热流在我的体内翻涌而上。

又过了不知多久，刚才在练习的一位男性走到我的面前，递过来一张纸。他是音田隆夫选手。身材魁梧，容貌和善。

"这里是真斗拳馆。馆长是佐佐木先生。

馆长五年前突发脑梗，视力受到后遗症影响。现在靠身体感觉和微弱的视力进行教学。最近开始还有点健忘。我是音田，请多多指教。馆长性格直爽，什么都愿意亲身传授，有事都可以找他商量。"

递到我面前的纸上写着这样的话。

"馆长虽然双目失明，但周围的人都很尊敬他呀。我也想成为馆长的学生。拳击之外，也许他还能教导我其他的东西。"我心想。我朝馆长的方向看去，此刻他已经停止了手靶练习，正在情绪激动地和学员交谈。

最重要的练习是"仔细看"

入门体验后又过了一个月。8月1日，我正式成为真斗拳馆的学员。

我向之前去的招收业余拳击选手和以减肥为目的的人士的拳馆提出了退会申请。

向真斗拳馆提交入会申请书时，还发生了这样一个插曲。

馆长夫人亲手交给我的入会申请书中，有一个问题是"学习拳击的目的"，答案有几个选项。

——成为职业拳击选手；

——成为业余拳击选手；

——锻炼体能；

——减肥。

我很想选择"成为职业拳击选手"，而馆长夫人用手指向了"锻炼体能"。她可能根本没想过我想成为专业选手吧。我在夫人指的地方画上钩，心里却抑制不住失望，到头来这个地方也不允许我追求梦想。这件事情让我笃定地认为自己"不可能成为专业选手"。

口腔技师的工作下班后，骑自行车抵达拳馆的时间差不多是下午的6点半至7点之间。之后的一到两个小时成了我在真斗拳馆的练习时间。我的训练内容和身体健全的人没什么区别：从热身体操开始，做反复空击[1]练习，打沙袋，和馆长练习击靶，做实战演练的对抗练习。可能我和别人不一样的地方只有"仔细看"吧。做空击和沙袋练习的时候馆长站在一旁指导我的动作，可我并不懂他嘴里说了些什么。这时候我会暂停练习，看着馆长的脸听他说话。

我也经常观察馆长和其他学员交谈的样子。这么做是为了提前熟悉馆长教学时常指出的内容。馆长一夸奖学生，就会模仿对方的动作。

馆长和我做手靶训练的时候，刺拳、直拳、勾拳、上勾拳，这些指示我是听不见的。如果每次都停下来，训练的节奏就会被打乱，达不到成效。于是我凭借馆长手靶倾斜的角度来判断应该出哪种拳。有的时候也会读馆长的唇语。

过去在别的拳馆做手靶练习的时候，我因为有一次误判了教练的指示内容，慌乱之中拳头打错了地方，打

[1] 空击指对着空气进行没有对象的基础击拳动作练习。

得手非常疼。因为那次的前车之鉴，现在就算出拳速度掉下来，我也努力让自己做到正确出击。

拿掉助听器的勇气

对于双耳失聪的我来说，在拳击训练的过程中最困扰我的是做对抗练习。在佩戴头盔、以实战形式进行的对抗练习中，"声音"尤其会起到关键作用。比方说鸣锣。对抗练习和正式比赛一样，以鸣锣来标志比赛的开始和结束。可我却听不见。

刚开始的时候，我的反应跟不上。不过比赛只要一开始，对手就会向前迈进，而结束时对手的所有动作都会戛然停止。随着练习次数的增加，我的不安也慢慢消失了。

在做对抗练习的时候，教练会发出指示。很多时候我从教练脸上的表情并不能看出到底对方是在骂我，还是在夸我。不过一旦内心出现疑虑，对手就会趁机攻击我，所以我经常选择无视教练的态度。

还有一点，通常情况下，拳击手会根据对手的呼吸声来判断其节奏和耐力。我因为做不到这一点，转而通过仔细观察对手的神情，尤其是眼神的变化来推测对方的行为。下一招是往右移，还是往左移，对方是否打算出拳。尽管也有判断失误的时候，但习惯了之后，我从对手眼神的微小变化就能判断出下一个动作。

我打拳击的时候会摘掉助听器。我的左耳完全失聪，就算戴着也毫无意义。右耳戴上助听器后，虽然听力水平恢复不到能听清具体是什么声音的程度，但里面能传来微弱的声响。

哪怕声音再微弱，有声音的世界和没有声音的世界，对我来说有着天壤之别。在读高中之前，我非常害怕摘掉助听器，甚至不戴着就害怕到无法外出。所以在不戴助听器的状态下进行运动，对我来说是非常需要勇气的事。我花了很长的时间去习惯。

我多么希望自己能够戴着助听器打拳击。哪怕只有一次，我也想体会在有声音的世界里打拳击是什么感觉，哪怕无法分辨出是什么声音也无所谓。不过我心里清楚那是绝对不可能的，因为助听器会被揍得粉碎。

"听好，惠子。明白吗，惠子。"

　　和对待别的男拳击手一样，馆长对我也是手把手地耐心指导。馆长教我的第一件事，是"放松身体"。他会拉着我的手左右晃动，拍打我的大腿。"记住，惠子。保持身体放松。记住身体柔软的状态。"他不厌其烦地叮嘱我这句话。

　　我刚去拳馆的那段时间没有办法和别人很好地交流，很多时候都感到迷茫。可馆长跟我说话的时候总是把嘴张得很大，好让我看清楚嘴的形状和动作。如果发现我眼睛看向别处，没注意听他讲话，馆长就会将我的头转向他的方向，对我一遍又一遍地说：

　　"听好，惠子。明白吗，惠子。"

　　当我回答"明白"后，馆长就会接着说："既然明白了，那我们再做一次。"看见我歪着头一脸茫然的样子，馆长就会再次把刚才的教导说给我听。

　　真斗拳馆是一所曾经培养出数名日本冠军的拳击名馆。馆长严苛的指导在圈内颇有声誉，坊间传言这里是日本最严苛的斯巴达拳馆。但我刚去的那段时间，拳馆里总是很安静。学员比现在要少。我去的时候经常看到馆内只有馆长一个人。

我做拉伸的时候，馆长偶尔会走过来和我说话。

"惠子，你像我这样把手掌放在耳朵上。对恢复听力有帮助。"

我模仿馆长的动作，把手掌贴在左右耳上，闭上眼睛。

馆长告诉我，人的身体里蕴含着"气"的力量，他说自己坚持把手掌贴在眼睛上，恢复了一些视力。尽管我心里觉得单靠这个听力是不可能变好的，但馆长单纯的信念打动了我的心。他把他坚信的方法传授于我。

尽管馆长如此关照我，我可绝非一个勤奋的好学生。刚开始的时候，我最多一个月去训练四到五次。

那个时候我除了去真斗拳馆，同时还去空手道和踢拳道馆。

单是拳击的话，哪怕是作为业余选手我也不能参加比赛，更别说取得职业选手资格。但如果是空手道和踢拳，听力障碍者也能参加比赛。对一个无论如何都想参赛的人来说，我内心对走拳击手这条路早就放弃了一半，所以转而去参加了戴着拳套进行的新空手道和业余踢拳大赛。我最初决定去真斗拳馆的真正理由，其实也是为这些比赛磨练自己出拳的技术。

我曾在一次踢拳比赛中伤了脚，导致一段时间不能做拳击训练。当我心怀愧疚再次出现在拳馆的时候，馆长关切地问道："真的没关系吗？你确定能训练吗？"这样的关怀让我心里感到很温暖。

随着我在真斗拳馆训练的日子变长，不仅是馆长，教练和学员也渐渐和我熟络起来，开始主动和我搭话。我这个人沉默寡言，也许在馆里的其他人看来是个很难打交道的人。然而自从来了真斗拳馆，我的话慢慢变多了。

也许是我那段时间去的次数太少了，听说馆长一度以为我要退会。不过，我可没有退出的打算。这个地方紧张的空气中渗透出暖暖闪光，它正在慢慢地成为我生命中的重要空间。更重要的是，我能听见心里有个声音一天大过一天，我想从馆长身上学习更多、更多东西。

"成为职业拳击手"

我在拳台上做着平时的空击练习，主教练小林亮一突然靠过来，开口对我说：

"你得做职业选手。"

一瞬间我以为自己听错了。

那天是2010年1月18日。我成为真斗拳馆的学员已经四个月了。

"我问过的所有地方都拒绝了我。我当不了。"

"不，你可以。"小林教练斩钉截铁地说。

看到小林教练坚定的表情，我的心跳猛地快了一拍。我真的可以吗？

馆长听到我俩的对话后，走过来问我："惠子，你想当职业拳击手吗？"

"想！"

我对馆长讲述了十年前自己开始学习拳击一直到踏进真斗拳馆的过程。

自始至终我都想成为职业拳击手，却一次又一次遭到拳馆的拒绝；我想站上拳台，于是就去参加空手道比赛、踢拳道比赛……我多么想把这些年的经历毫无保留地告诉馆长，可我找不到合适的语言。馆长认真地听完我的倾吐后，对我说道：

"惠子，我们试试看吧。成为职业拳击手。"

那天，在回家路上，我的眼泪夺眶而出。这几乎是我人生中第一次流下开心的眼泪。

伴随着不安和紧张的体检

女子职业拳击手的新人考试，简称"职业考试"，要参加这项考试的人需要满足以下条件：

——年龄为17岁至32岁的女性；

——接受协会医师的健康检查并且合格；

——在参加比赛的4周前接受妊娠检查并且结果为阴性；

——参加考试者所属的拳馆是各考区（我的考区是东日本）拳击协会的加盟馆。

我最害怕第二条的健康检查。

选手是否有资格参加职业考试，全由协会医师来判断。如果医师判定我"没有考试资格"，那我将无法向评委们展示我的拳击技术。

半个月之后，2月1日那一天，我跟公司请了半天假，前往位于丰岛区的大同医院。陪我一起去的舟木肇经理在旁边建议我"回答医生问题的时候嗓门要大"，"可以提一下你参加空手道和踢拳道比赛的事情"。

可是当我从一个检查室走到另一个检查室，或是身处等候室的时候，心里却害怕得要死。

视力检查、听诊、采血、尿检、体内的影像检查MRI（核磁共振成像）……做完所有检查项目后，医生问我：

"小笠原女士，你能听见鸣锣吗？"

我使足力气，大声回答道："可以！"

医生紧接着说："我知道了。检查结果我会发到拳击协会。"

医生话音刚落的短暂一瞬，我的不安随即烟消云散。然而下一秒，难以名状的紧张就向我袭来。虽然医生什么也没有说，可是职业考试的主办方、日本拳击协会会认可我的考试资格吗？越想我越感到心乱如麻。

几天后的一个寒冷的夜晚，我正在去踢拳道馆的路上，手机忽然收到一条信息。是舟木经理发来的。

"协会批准了考试许可。你可以参加考试。"

"耶！"我在心里比划了一个握拳的胜利手势。

如果不是当时我的空手道教练站在旁边，我早就开心地跳起来了。我没有跟这个教练透露自己要参加职业拳击手考试的事情。我埋下头，拼命地想藏起脸上禁不住要绽开的笑容。

因为志向成为职业选手的女性拳击手非常少，所以考试时间需要等考生达到一定人数，再结合男子选手的考试时间统一进行安排。我的考试日在两个月之后的4月6日。

我曾经梦寐以求的机会，如今就在近在咫尺的前方。

接下来的每一天，我的心里都交替上演着兴奋和不安。当时我依然继续着空手道和踢拳道的练习，身体还没有完全习惯拳击的动作。我这么僵硬的身体真的能通过考试吗？就连做对抗练习的时候，我的脑子里也尽是担心。再加上以前我的手腕受过伤，无论怎么努力练习都不能达到满意的状态。

虽说如此，我的决心也更加强烈。不论如何，我都要合格。

决定命运的职业认证考试

考试日到了。前几天的天气一直是晴转多云，可今天从早上开始就是大晴天。我在馆长和小林教练的陪伴下，朝着考场后乐园大厅出发了。

候场的时候，馆长一直陪在我身边。多亏他不时地跟我说话，我的紧张才得以缓解。

过了一会儿，考官让我"换上背心和短裤，在房间里做好准备"。考官紧接着又说了些什么，不过他嘴巴的动作太快，我没办法读出来。我只好不懂装懂，跟在考官身后走出了房间。

职业认证考试的第一关是笔试。那天考场里坐着的绝大多数考生都是男性，女性只有我和另外一名选手。

尽管我事先就知道笔试题目的内容是一些"职业拳击手必备的基础知识"，但依然不可掉以轻心。我埋头写下答案，心在扑通扑通地跳。当天的笔试内容我答出了百分之七十左右。

笔试结束后，我接着移动到位于另一楼层的考场。

后乐园大厅被誉为拳击的圣地，是每一位拳击手向往的赛场。可一想到接下来自己的拳击技术会受到严苛的评判，我根本没有心思去品味踏上后乐园赛场的喜悦。

我到的时候，其他考生已经在观众席附近或者拳台边上做着拉伸运动。我也连忙开始热身运动。

不知道是因为今天只有一组女性考生还是考试的惯例，技术实操考试从我们女子选手开始。

小林教练从背后推了我一把，我踏上了拳台。一开始，我和另一位考生在台上做了两分钟的第一回合[1]空击。拳台旁的几位考官目不转睛地看着我的动作。我完全不知道自己的动作做得是好还是完全不行。

空击结束后，我们要戴上了头盔和拳套，进行两分钟第二回合的对抗练习。

我拿不准台下考官的标准。不知道他们是重点观察动作的形态，还是只看强度，因而对自己应该怎样迎战感到很迷惑。这时，馆长和小林教练对我说了一句话："拿出你的真本事。"

"没错，那我就在遵守规则的前提下，放手一搏。"

我将这句话印在脑海，随即登上拳台。

我比赛的时候有一个不好的习惯，就是会下意识地把头往前伸。在平时训练的时候，馆长说过我好几次。果不其然，在技术实操考试的过程中，我有三次犯了同样的毛病，每次都遭到了裁判员的提醒。

"糟糕，要是光被扣分，那我考试肯定过不了。"

---

[1] 一场女子选手拳击比赛按照段位不同，总共六至十个回合，一个回合为两分钟。

这样下去的话，只有打倒对手这一条路可行。慌张之中我下定决心，开始向对手展开连续猛攻。也许是我的决心起了作用，在第二回合中我总共拿到了四次站立击倒的分数。

照这个状态我也许能通过考试。比赛结束后，我稍微拾起了一些信心。但我依然无法想象自己手持梦寐以求的职业选手证书的样子。我在焦虑中度过了考试结束后的那个夜晚。

职业考试的结果在比赛后的次日会公布在后乐园大厅的公告板以及拳击协会的官方网站上。我因为工作的原因，没法即时看到结果公布，于是由舟木经理替我查看考试结果。

第二天我正在工作，手机突然发出一阵震动，是舟木经理发来的邮件。我停下手头的事情，飞奔进厕所，按捺住狂跳不止的心脏，打开邮件。

"合格。"

在厕所的隔间里，我发出一阵高呼："万岁。"

不敢相信。过去很长一段时间里我都认为绝不可能实现的遥远梦想，竟然成为了现实。

作者与馆长在真斗拳馆进行击靶练习

首场比赛的前夜

合格礼物是在表演赛登场

手机邮件对我来说是非常重要的沟通工具。在拳馆里用简单的沟通所不能传达的信息，却可以通过邮件得到详尽的表达。馆里的人有时候会通过邮件告诉我训练时表现好的地方和需要改进的地方，如果有需要联络我的事项也一定会通过邮件告诉我。

职业认证考试合格结果公布的第二天，舟木经理给我发了一封邮件。"亮一教练给你准备了一份礼物。快到馆里来。"

小林教练为我准备了一份礼物。

"庆祝合格的礼物会是什么呢？比赛用的运动短

裤？太贵了，肯定不是这个。"

我胡思乱想了一番，依然毫无头绪。

之后到了拳馆，上二楼换好练习服再下到一楼，我看到馆长和小林教练笑着站在那里。面对我脸上一副惊讶又困惑的表情，馆长说：

"惠子，你知道4月22日我们馆里有比赛吧。你作为表演赛的选手登场如何？在你正式出战第一场比赛之前，应该多熟悉一下后乐园的拳台。"

我考试合格才过了一天，还没有任何的心理准备。老实说，我当时感到很不安。

正当我快要脱口而出"是不是有点太早了"这句话时，站在馆长旁边的小林教练开口说："这个消息就是给你的礼物。"看着小林教练满心欢喜的样子，我无法拒绝他们。

合格职业认证考试后立刻就能获得登上拳台的机会，这其实是很少见的。而且我知道对于女子选手来说难度更大。因为人数少，所以很难找到对战的对手，因而很少有上场比赛的契机。我必须感谢馆里为我提供这样宝贵的机会。

再说，这一次我真的能够站在后乐园的拳台上。这样想着想着，我的胸腔就因为感激而变得炙热。

"我肯定会非常紧张，但是我会加油的。谢谢。"

我向馆长和小林教练表达了自己的决心。

称重现场的热气

我听说表演赛的选手已经全部确定。听到对手的名字后，我稍微放松了一些。在我参加职业认证考试之前，这位选手曾经担任过我对抗练习的对手。

在表演赛开始的前一天傍晚，我前往后乐园大厅进行体重测量。尽管表演赛不算是官方比赛，不需要接受称重，但为了准备今后的比赛，我选择前往称重现场参观。舟木经理也嘱咐我"好好观察"。

尽管我已经比通知的集合时间到得早了，但是称重现场还是已经挤满了选手。

在这里的各位大多是减重后过来的。大家都很紧张，房间里弥漫着一种我从未体验过的独特的热气，连我都感觉呼吸困难。我很想早点走出这间屋子。

　　已经完成称重的选手在一旁非常享受地喝着运动饮料。我曾经在踢拳道比赛前掉过七公斤体重。当时身体的状态是极度口渴，胃里空无一物。我忽然想起那时自己在称重之后第一次吃进东西的感受，感觉食物比平时要美味几百倍。

　　但我并不想再一次拥有这样的经历。对于我这个大胃王来说，那简直就是地狱。减重曾是我最苦恼的事情。

　　我自认为适合自己的体重等级是53.5公斤的雏量级，但这次我签约的是不需要减重的57公斤。也就是说，我需要在较高的重量状态下登上拳台。

　　过了一会儿，我的比赛对手出现了。我想，总之先打个招呼吧。可是我看她好像瞪了我一眼，对方的这个举动让我一不小心错过了点头示意的时机。

　　这么说起来，当时和她做对抗练习时，我们打得非常激烈，我还把她打得鼻血直流。可能她就是因为那件事情才瞪了我一眼吧。或者只是出于脸部表情紧张才显得凶煞呢。不管怎么说，对方看起来对明天的表演赛充满熊熊斗志。

　　站在我身边的馆长似乎捕捉到了气氛里的一丝紧张，他对我俩激励道："明天你们可要好好地打架哦。"

这就是职业选手的世界……

　　表演赛的当天，我出发前往后乐园大厅的候场室。

　　参加开场比赛的红角[1]选手和蓝角选手分别在各自的候场室做着赛前准备。我和舟木经理被工作人员领到蓝角的候场室。房间里都是男选手，我在角落里找了一把空椅子坐下。这种突兀的感觉并不好受。轮到我上台之前，我都沉默地看着候场室内的景象。

　　在场的选手们明明接下来就要进行激烈的搏斗，此刻却显得十分放松。

　　我非常诧异地发现他们看起来丝毫没有紧张的样

---

[1] 在拳击台的四个角共设立两个中立角，一个红角和一个蓝角。通常比赛选手首先会被指定为红方或蓝方，以供裁判计分，蓝方通常被视为挑战位。

子。不但如此，大家还都面带笑意，看起来很开心。也有人在专心致志地捣弄发型。这里看上去更像是戏剧表演的后台，而不是等待搏斗的候场室。

"这就是专业选手的世界啊……"我的心底油然而生一股敬佩之情。

随着表演赛的开始时间临近，我越来越紧张。我的对手在一旁熟练地做着准备运动，汗流浃背。

"她似乎很紧张。她是否也是第一次登上后乐园大厅的拳台呢？"我脑海中浮现出这样的想法。

此刻，我想的是"我没问题，我能保持冷静"。可等我踏进比赛会场的那一瞬间，我才意识到自己的想法有多么幼稚。

一看见会场内坐了那么多观众，我差点迈不开步子。

说起来就在前几天，我跟女性教练向麻纪女士发了邮件。我写道："我站上拳台的时候很紧张。站在后乐园大厅的拳台上是什么样的感觉呢？"

向麻纪女士给我的回复里写道："观众席里会有人瞎起哄。我以前在后乐园打过对抗练习。当时我听到台下一个不认识的大叔喊道'美女姐姐，快把对方打趴下'，让我非常生气。"

起哄和我没有任何关系。想到这里我稍微松了一口气。

"这些我听不见，所以没关系。"我向麻纪女士回信道。

然而，现实却不是这样的。我一点都不觉得"没关系"。在这么多观众面前比赛让我感到很不舒服。也许我还有点后悔。一瞬间，我丧失了仅有的一点自信。我好想打退堂鼓，回到刚才的候场室。

尽管这样，等我一站上拳台，不知道是不是因为场内的灯光太过耀眼，几乎就看不见台下的观众了。我顿时感觉到一片宁静。紧张的神经也逐渐松弛了下来。"这个氛围和我训练时一样"，我想，静待裁判宣布比赛开始的指示。

两分钟两个回合的对抗练习我感觉自己还算冷静地完成了。尽管由于体重的关系我感到步子沉重，但我能看清对手的出拳，也没有遭到对方可能得分的有效打击[1]。虽然在比赛过程中，头脑中有一瞬间掠过了"观众是在起哄吗？"的念头，但我立刻恢复到比赛状态，成功度过了两个回合。

比赛结束后，我和父母汇合，一起去会场附近的中华料理店吃了饭。但来看我比赛的母亲看上去一副毫无食欲的样子。

"看到惠子站上拳台的那一刻，我快紧张死了。心脏扑通扑通地跳。"

母亲的脸上泛着红晕，似乎刚才的紧张感还未褪去。

"可能是我太小题大做了。这只是表演赛而已，而且还戴着头盔呢。"

我不自觉地苦笑起来。前来观战的朋友也和我说了类似母亲对我说的话。虽然我自己认为没有受到任何有效的攻击，但对观战的人而言，只要是自己关心的人站在台上就会担心。挨打就是挨打，有效和无效都一样。

---

[1] 有效打击（clean hit），指在格斗比赛中的攻击行为清晰有效并产生明显伤害，是最终判定胜负的重要依据。

我很感谢他们。

那天，我看着父母脸上担心的神色，心里多了几分愧疚。

敲定了！职业赛首战

和职业认证考试、表演赛出场一样，我的第一场职业比赛的敲定也完全出乎自己的意料。

表演赛结束后的第六天，馆长在馆里对我说：

"惠子，我们来打首战吧。"

馆长的提议太过突然，我一时不知作何回答。

难道我又要像之前的表演赛那样，面对观众紧张到浑身难受吗？再说，这也太快了吧？！

"嗯……"

话音还未落，一旁的舟木经理看我忸忸怩怩的样子，马上叫我感谢馆长。

"……谢谢馆长。"

就这么答应了。馆长则满怀斗志地应声说道："就这么定了！"

　　我开始学习拳击已经有十个年头。这些年，和我同样患有听力障碍、立志成为职业拳击手的人在日本国内只有两个。我从电视上得知了他们的存在。

　　两位都是男性。如果单算女性的话，也许只有我一个人。我听说那两位男性中的一位虽然职业认证考试合格了，但出于安全方面的考虑不被允许参加官方比赛。而另外一位，我记得当时在电视上看到他时，他只有十几岁，不知道现在是否已经成为职业选手。我当时也认定自己无法成为职业选手，我记得很清楚，这种沮丧滋味让坐在电视机前的自己和他们产生了很深的共鸣。

　　但是这一次我获得了参加官方比赛的许可。为什么会这样？馆长和经理都没有向我做进一步的说明。我想，一定是拳馆的大家为了让我能够站在拳台上，在协会面前做了很多争取吧。哪怕这些努力是多么劳神费力。

　　我越想越觉得无法拒绝，不能拒绝。我只能出战。试试看。我重振精神，以职业比赛的首战为目标开始训练。

舟木经理和小林教练教导我，身为职业选手应该做这三个准备：

——每天早上跑步；

——注意饮食，尤其要多吃白米饭；

——每天同一时间来拳馆训练。

我一听到每天早上要跑步，每天必须去馆里训练，立刻感觉到压力。这些对于职业拳击手来说也许只是家常便饭，但当时的我还没有足够的自觉。

刚开始我真的没法做到每天早起跑步，最多保持每周跑两次。而且，经常睡过头。

当我感到身体疲惫沉重不堪，请假缺席馆里的训练时，就会挨馆长或者舟木经理、小林教练的一阵猛批。由于这个缘故，最终我还是心不甘情不愿地每天坚持去馆里训练。

之前我一直同时去几家格斗馆练习，所以每天去同一个馆对我来说是一件很艰难的事情。刚开始的一阵子，我的体能消耗特别剧烈，以至于白天工作的时候会控制不住地打盹儿。然而，随着训练的时间变长，睡意也逐渐消失了。在生活节奏越来越规律的影响下，我白天的工作效率也变得越来越高。

晨跑也是，刚开始的时候觉得很痛苦，困，腿沉得要命，胃也痛，后来竟觉得神清气爽。一周两次的晨跑变成一周四次早上6点起床去跑步。我开始觉得，如果慢慢地努力，没准真能实现每天晨跑。人的适应能力真是了不起。

我这个人，如果没有人从背后推我一把，我自己是不会采取行动的。如果没有人告诉我应该怎么做，我就会呆在原地不动。尽管刚开始训练的时候，我没想到会挨如此严厉的责骂，心里感到很失落，但当我变得可以每天早上晨跑的时候，我非常感谢馆里的人对我的严格要求。

一时大意让右肩负伤

为了准备第一场职业比赛，我到其他拳馆训练的机会也越来越多。

和我做对抗练习的拳击手中，包括拿过世界冠军的小关桃选手和富坚直美选手。能够和世界冠军交手，对我而言是无比宝贵的经验。不单单是我去其他馆训练，也有选手专程来真斗拳馆和我做对抗练习。

　　就在我通过改变训练环境，熟练掌握对抗练习而逐渐建立起自信的时候，意外发生了。

　　事情发生在我去别的拳馆进行训练的时候。走进拳馆后，我看见一位女士正在骑动感单车。当时我感觉她有些面熟，但想不起来在哪里见过。随后我得知她正是今天和我做对抗练习的对手。

　　这位女士两腿的膝盖处反复缠着几圈绷带。也许是受了伤。看她的状态不是很好，虽说是对手，我却开始有些担心她。

　　怎想到，对抗练习一开始，她立刻对我发起一连串猛攻。一切始料未及，我慌了神。接着一瞬间，我感觉到自己右边的肩膀好像哐当一下脱落了。紧跟而来的是一阵刺入骨髓的疼痛，穿透我的全身。因为剧烈的疼痛，我浑身使不上力。尽管如此，我还是不想浪费这次宝贵的对抗练习机会，咬牙战斗到了最后。

哪怕我把体重都压在对方身上，她按压我的力量仍然占了绝对的优势。我也绝不认输，想办法反压回去。结果我们的对抗练习与其说是拳击，倒不如说成了用力量抗衡的相扑比赛。

对抗练习结束后，我的嘴边出现了淤青。我大概还是头一回，因为对抗练习而产生身体淤青。我在便利店买了冰块，冰敷着自己的嘴巴和肩膀，坐上了回家的电车。

"刚才那个人，我的确在哪里见过她。难道是……"

我终于摸到了头绪，回家后立即把几年前买的格斗术杂志翻出来。

"果然在这里！"

那位女士同时活跃在拳击和踢拳道，是女子格斗术界首屈一指的选手。怪不得她的风格和其他拳击手不一样，非常独特。

接下来的几天，我的右肩一直隐隐作痛。去医院检查的结果是，虽然没到脱臼那么严重，但肩膀内部有积液，医生让我静养两周。

此时距离我的职业赛首战只剩短短一个月时间。必须尽早康复。我决定确保患处得到绝对的静养。我在平日的训练、过去的踢拳道比赛中经常受伤，以前骑摩托车的时候也曾摔得右膝皮开肉绽。对负伤这件事我早就习惯了，所以这次没有特别紧张。但接下来我将迎来重要的首战，只好用肩带把右肩膀牢牢固定，继续左侧身体的训练。

意料之外的电话

就在我右边肩膀的疼痛逐渐消退的时候，家里接到了一通意想不到的电话。当时距离比赛还有十天。

电话的另一头是我以前就读的筑波大学附属聋人学校[1]口腔技师专业的前主任，三好博文老师。母亲接过电话后告诉我，三好老师拜托了NHK电视台做我的采访。

---

[1] 聋人学校，根据《日本学校法》（1947）的规定，日本国内针对有听力障碍的儿童、学生在各都府县设立的学校，实施和普通小学、中学到高等教育同等水平的教育，并教授学生克服听力障碍所必要的知识和技能。

这么说起来，我并没有跟老师说过我当上职业拳击手的事。老师甚至连我上学的时候学过拳击都不知道。电话听筒里传来老师吃惊的声音。

老师不知道也实属情有可原。学生时代的我是典型的问题学生，总是上课迟到、逃课。那个时候三好老师经常教育我。但当时他的说教只会让我觉得烦死了，所以我选择主动回避，也从来没有和老师有过像样的对话。老师之所以知道我要打自己的职业初赛，是因为当年的同学联系了他。

不久后，NHK向我发来了希望进行采访的联络。

如果不是因为受到电视台报道，我想我大概会隐藏起自己的听力障碍，然后踏上拳台吧。如果被别人知道我耳朵不好还作为职业拳击手参加比赛，总感觉会招来批判的声音。一旦如此，事态有可能发展成我费劲努力得到的职业证书被收回。因为我并不清楚自己被允许参加官方比赛的背后缘由，哪怕比赛日近在眼前我依然感到惶恐。

但采访的事情已经定下了。我一方面对这件事感到不安，另一方面也为能够在电视上"抛头露面"感到高兴。我抱着破罐子破摔的心态，决定接受采访。暴露就暴露吧。再说，听力障碍也不是什么要遮遮掩掩的事情。心里的包袱就这么放下了。

我之所以能看开，也有天气太热的原因。

这一年的夏天前所未见地酷热，训练的过程中我差点热晕过去。当我渴到憋不住去喝水的时候，舟木经理一定会大声提醒我：

"不许喝太多水！"

可是，天气热到哪怕我什么都不管，汗水都会一直流。不管我吃多么饱喝多少水，体重都自作主张似的不断往下掉。对于减重困难的我来说，这是酷暑的唯一好处。

第一次称重

7月26日是我作为职业拳击手首次进行称重的日子。当天白天，我和馆长、小林教练在馆里集合，三个人一起打车朝后乐园大厅出发。

我将参加雏量级四回合的职业选手赛。雏量级的体重上限是53.52公斤，要确保自己取得优势，最好把体重调整到无比接近这个数值。可炎热的天气导致我的体重减得过于多了。早上起床后我马上用家里的体重秤称了重，52公斤。比上限体重足足轻了1公斤。多亏这个差距，那天的早饭我吃得特别多。

称重会场的现场气氛十分紧张。不过因为我之前参加表演赛的时候来这里参观过，所以这次没有被紧张的气氛所影响。

称重的时候，我头一次见到了第二天的对战选手，KS拳馆的村濑生惠女士。村濑选手的个头比我高很多，她脸上带着笑容，看起来为人随和，似乎对明天的比赛游刃有余。

我看到她放松的神态，反而感到心里一阵轻松。在业余踢拳道比赛和新空手道比赛上，几乎所有对手在看到我之后脸上都会流露出类似的神情。

一定是因为我个头小，看起来柔弱，她们才安心吧。但是，比赛一旦开始，对手脸上的表情就会逐渐开始变化。我觉得观察这一点很有意思。而且，越让对方掉以轻心，对我来说胜算就越大。

称重顺利结束后，舟木经理也加入了我们，四人一起去后乐园大厅附近的家庭餐馆吃了饭。他们叫我想吃什么就吃什么，可是才下午4点，我肚子一点也不饿。而且我当时心情紧张，连对平时喜欢的甜食都很少见地毫无兴趣。

　　吃饭的时候，馆长一直在谈论明天的比赛。

　　"身体放松。惠子。""听好了，惠子。明天一定要保持冷静。""对着对手的腹部出拳。"

　　馆长反复强调着同样的话。

　　而我相信馆长说的绝对正确。他教了四十多年的拳击，培养出了许多日本冠军。虽然他现在眼睛看不见，但是拥有长年训练培养出的敏锐直觉。此外还有更重要的一点，馆长严厉又亲切的性格让我想跟着这个人走下去。

　　"明天我一定要赢。"看着眼前热切指导着我的馆长，我在心里下定了决心。

第一部
与听力障碍的战斗

Part Two

聴覚障害との闘い

作者与家人，左起为母亲、妹妹、外甥、作者、父亲（2011 年 3 月拍摄）

先天性听力障碍

三岁后接受精密检查

现在我的左耳几乎听不见声音，右耳如果戴上助听器的话也只是稍微能感觉到一点声音。小时候，我右耳的听力比现在要好一些。

但是说不定稍微能听见一点声音的状态反而造成了父母和祖母的混乱，加重了他们的失落感。虽然我知道这不是我导致的错误，但心里的感受却很复杂。

1979年9月16日凌晨1点多，我出生在了埼玉县大井町（现位于富士见野市），母亲老家附近的产科医院里。

尽管，我现在依然总让父母担心，但听说我甚至在出生前就是一个问题孩子。

　　在距离预产期还有一个月的体检中，医生对母亲说"这孩子有可能明天出生"。于是，母亲打了防早产针。

　　母亲生我差不多花了两个小时，对初次生产的女性来说这个时间很短。但由于孕期的生理期紊乱和医生的预判失误，我出生的时候体重重达4.05千克，也就是所谓的"超重婴儿"[1]。后来母亲才告诉我，生我的过程如"地狱般的痛苦"。

　　"惠子"这个名字是父亲取的。

　　直到最近，我才跟父亲问起自己名字的由来。

　　"因为我是竹下景子的粉丝，她经常参加答题节目，长得又好看又聪明。还有松坂庆子，虽然汉字不一样，名人里取名叫keiko[2]的人不少，所以我用了自己最喜欢的'惠子'这两个字。"

---

[1]　一般指超过预产期两周以上出生的婴儿，以及出生时体重超过4千克的婴儿。

[2]　"景子""庆子"和"惠子"的日语发音相同，都是"ケイコ"，用罗马音标注都是"keiko"。

据说是这个原因。

母亲也说过："你看，'惠'这个字，里面有一个'心'。所以我也很喜欢。"

当时我的父亲在JRA（日本中央赛马协会）的美浦训练中心做厩务员[1]，出于这个原因，我们一家人住在茨城县的美浦村（当时的名字）。我出生后过了一个月，母亲带着我回到了位于美浦的家中。

母亲口中的我，婴儿时代是这个样子：

一岁的时候还不会说像样的词语，好像对电视也没什么兴趣，而其他同龄的孩子已经开始咿呀学语。当时母亲已经有些担心我的状态，她带一岁半的我做体检的时候，向医生反映"孩子还不会说话"。医生建议对我做一次精密检查。但母亲最后还是决定耐心地等待我说出第一个词。

外婆对母亲说："你开始说话也很晚。我记得大概要到三岁的时候。"

被自己的妈妈这么一说，母亲更觉得等过一段时间

---

[1] 以侍弄马匹为工作的人，尤在赛马界用此称谓。

我自然会开口说话。

我满两岁的时候，父亲换了工作，我们一家搬到了埼玉县的川越市。

两岁的我虽然在听到母亲呼唤自己名字的时候，会回答"是"，但也仅此而已。当母亲带着两岁半的我再去做体检的时候，医生催促她尽快带我去专科做精密检查。但母亲的答复却是"也有孩子到了三岁才说话，我以前就是"。她没有带我去专科医院。

然而现实是，直到过了母亲心中设置的时间节点，我的状况也丝毫没有改变。终于，母亲决意带我去接受精密检查。

检查结束后，医生这样对母亲说：

"她的左耳完全听不见。这种情况如果右耳能够听见的话没有什么大问题，但她的右耳好像也不怎么听得见。"

我的母亲虽然是一位内心强大的女性，但这个事实还是带给她极大的冲击。医生建议母亲带我做更精确的检查，于是我们又去了帝京大学医学部附属医院。结果还是一样。

"右耳的情况也很差。最好戴上助听器进行听力训练。"

听力障碍按照可听见的声音大小单位dB（分贝）的最低值，被分为不同的程度。

如果听力范围处在30—40dB，对普通音量进行的对话感到很难听清，属于轻度听力障碍；如果处于50—60dB，属于中度听力障碍；如果数值更大，那么就连大声进行的对话也会很难听清，甚至听不见。如果两只耳朵的听力范围都在70dB以上，即被诊断为听力障碍者。

当时我右耳的听力是60dB，属于中度听力障碍。左耳则在100dB以上，几乎听不见任何声音。

母亲最开始的举措

诊断之后，我开始在帝京医院接受语言学习。帝京医院的医生向母亲提供了许多建议，其中一位医生说过：

"以前发生过父母因为孩子患有听力障碍而感到痛

苦不堪，最终选择和孩子一起自杀的事情。听力障碍通过训练是可以克服的。然而，使用语言进行交流是人类最大的特权。从这个意义上，导致交流变得困难的听力障碍也许是人类最沉重的缺陷。"

另外一位帮我做了三年训练的医生，在训练的第一天就说过：

"教听力低下的儿童学习说话，这件事的困难程度，就好比把胳膊切下来，再让这条胳膊学会写字。"

语言学习一周有两次，分别进行一对一训练和小组训练。

一对一的训练内容有基本的发音练习，以及跟着老师朗读绘本的练习；小组训练的话，有聊天，有随着音乐运动身体的节奏游戏，还有在大家面前介绍自己的图画日记。

母亲在家做的第一件事是，在卡片上用平假名写下家具的名字，贴在对应的家具上。母亲这么做是为了让我知道东西是有名字的。在医院学习的语言学习方法，回家后我一定会反复温习。

不知道是不是出于医院的方针，医生推荐我进入当地的普通托儿所或者幼儿园。于是，母亲让我在托儿所待了两年后，把我送进了普通的幼儿园。收到幼儿园发来的就读许可时，母亲看起来特别高兴。

我的记忆是从上幼儿园开始的。也是从这个时候开始，我意识到了自己听不见的事实。

幼儿园里，只有我一个人是戴助听器的。当时我佩戴的是从耳朵到胸口的机器之间连着线的耳机式助听器，非常显眼。我很讨厌戴这个东西。

虽然我每天都在做发音训练，可我知道自己发出的声音和其他小孩子不一样。我也不能和大家一样地唱歌。不能弹奏乐谱。我很难过自己追赶不上别人。这是我的幼儿园记忆。

现在我回看自己幼儿园时的照片，才发现自己很少笑。

妹妹也有听力障碍

我进入幼儿园那一年的11月25日，妹妹出生了。

在母亲为了预产而住进医院的那段时间，我被安置在母亲的老家。听母亲说，当时发生了这样一件插曲。母亲带妹妹回家的前一天，打了一通电话给外婆，结果外婆在电话里头困扰地说："我买了婴儿服明天给宝宝穿，可现在找不到了。好像惠子把它藏了起来。"

我自己完全不记得了。但好像自己以前确实是个嫉妒心很强的孩子。

比我小四岁的妹妹，取名叫"圣子"。

"圣"（聖）这个字里有"耳"，有"口"。父母怀着妹妹"成为姐姐的耳朵和嘴巴"的心愿，取了这个名字。

她出生四个月之后，父母发现圣子的耳朵也不好。

因为圣子看见从天花板上垂吊下来的旋转木马玩具时的反应，明显和其他孩子不同。一般的孩子一听到八音盒的声音，立刻就会把脸转向旋转木马玩具所在的位置，而圣子要过三四秒之后，等到玩具转到自己的视野之内，才会慢慢地把头转过去。明显，她对声音没有反应。

圣子八个月大后第一次接受了检查。她被确诊为听力障碍。

母亲当时受到了很大的冲击吧。现在，她会对我们姐妹俩说：

"不要觉得我是不甘心认输才这么说。妈妈觉得，你们没有别的兄弟姐妹，还好不是一个人听得见，另一个人听不见。"

当时，妹妹的听力比我的还要糟糕，她在三岁的时候就进了聋人学校体系的幼儿园。之后，直到高中毕业，妹妹都在聋人学校读书。

直到最近，妈妈才告诉我：

"那个时候我总是在照顾圣子，送她去上幼儿园。后来我才意识到，妈妈这么做一定让惠子觉得很孤单吧。"

她还说："惠子接受语言学习的三年时间，有很多时候我都在感情用事。看到你长大成人后，我心里对自己的行为十分后悔。看到你能掌握这么丰富的语言表达，我会觉得要是当初我能够放宽心，给你更多的爱，那该多好。"

母亲写给老师的信

1986年4月，我升入川越市立川越第一小学。

我刚上小学后没多久，母亲写了一封信给我的班主任。她实在不忍看我在学校交不到朋友，于是写信拜托老师告诉班上同学我耳朵的情况。

后来某天，老师就在课上把我耳朵的事情告诉了大家，当时我在教室里感到很羞耻。可是到了课间，很多班上的女孩子都过来找我玩儿。我既害怕自己不能和她们正常地交流，同时又在心里浮现出一丝欢喜。

我升入小学的同时，开始往返于"语言听力教室"（ことばきこえの教室）。就如同它的名字，这个教室专门指导在语言（发音、口吃）和听力方面有障碍的儿童。

这里的学习以国语为主。由老师进行一对一教学，学生还可以接受教科书之类的书本的朗读训练和发音训练。训练的方式还包括让学生讲述在班里或者家庭里发生的事情。如果发音奇怪的话，老师会当场指出来，然后再反复做发音练习。

开设语言听力教室的川越小学和我上的川越第一小学之间只隔了一条马路。一周两天，每到国语或算术的学习时间，我就溜出教室，走去前方一百米处的川越小学学习。我就这么往返两所学校之间，一直到小学四年级我才从第一小学转学到川越小学。

在小学里，老师们并没有因为我的听力问题而对我特殊对待，也没有表现出特别的关注。

老师和同学的对话，我几乎完全不明白。可我也不是那种会主动去表达"这里我不懂"或是"我不喜欢这样"的孩子，而是选择沉默。也许正是因为这样，老师才觉得我没问题吧。而且，老师每天要面对四十名学生，不可能把所有的关心都放在我一个人身上。

不过，也发生过一件这样的事。

有一次数学课上，老师让学生拿出算盘放在桌上。我看到周围人的动作，于是跟着拿出了算盘。老师嘴里接着说了些什么，但我因为听不见，一直埋着头。

突然，一记猛的拍打击中了我，重到眼珠子都差点飞出去。老师出现在我的眼前，手里拿着一条又长又厚的木制标尺。刚才，老师就是用这个打了我的脑袋。

"不准把手放在桌子上！"老师怒吼道。

我没有听见刚才的提醒。我觉得很委屈，可那位老师并不理解我。我记得当时自己没有作出回应，只有眼泪顺着脸颊流了下来。

也是在那段时间，我第一次知道了"因果报应"这个词。

"真可怜。一定是上辈子的报应才变成这样。"

我记得当时被人这样说过。至于是在什么场合，从谁口中听说的这个词，现在的我已经想不起来。大概是谁看到当时幼小的我患有听力障碍，心生怜悯而说的话吧。

那个时候的我并不能完全理解这个词的意思，只是单纯地听着，觉得"原来是这样子"。不过从那之后，"因果报应"这四个字就一直留在我的脑海之中。

校园霸凌开始了

小学四年级的第一学期，我从川越市第一小学转到了旁边的川越小学。转学的原因是家里买了新房子，全家搬到了旁边的街区。新的小学开设有"语言听力教室"，我上课变得十分轻松。

我也交到了新的朋友，是同班的女生。

她在知道我耳朵听不见之后，和我说话的时候会放慢语速。我们也经常去对方家里玩。大多数时候都是一起做游戏，不需要太多的语言沟通。

虽然交到朋友很开心，可也遇上了讨厌的事情。我开始遭遇校园霸凌。

成为我好朋友的那位女孩被班上的男生欺负。我和她一起沦为他们欺负的对象。

如果有谁叫我，我只有等到对方进入我的视线之后才能意识到其存在。可是对方会把我的反应理解成对自己的无视。另外，我为了读取对方在说什么需要一直盯着他/她的脸，也会被误解成我在怒视别人。听力障碍者经常因为类似的误解而给对方留下坏印象，或者遭到记恨。

而儿童的反应则很直接，不留情面。我走在教室走廊或者学校的运动场，别的孩子就会说"别靠近我"，然后迅速走开，就好像我是需要躲避的病菌。

不只是因为我有听力障碍，很多时候我会因为自己的头发而受到欺负。

我的头发是天生的自然卷，如果放任头发生长，卷曲的头发就会盘绕得像一个蘑菇头。不仅是同年级的同学，高年级的同学也嘲笑我的发型。

而我又是不论被别人怎么说都不会还嘴的软弱性格，恰好成了那些爱欺负人的同学心中理想的饵食。那段时间我回家后总是流眼泪。

有一个方法，能让我暂时忘记在学校的痛苦经历，就是画画。

我接触绘画是在小学二年级的时候，当时父母送我去上了绘画班。在学校里的休息时间，我总是一个人在笔记本上画漫画。

父母并不知道我在那段时间里遭受了校园霸凌。但他们一定没少担心。回想起来，父亲曾经说过这样的话：

"有一次我去学校门口接你回家，看到附近的女孩子好像是在嘲笑你。几个女孩子聚在一起悄悄地说着什么。隔着一段距离，我看着她们，开始想，你可能在学校被同学欺负了。不知道你心里是不是很难受。"

我始终没能向父母说出口自己被欺负的事。我不想让他们伤心。

伴随着逃课的中学生时代

在不安之中踏入中学生活

小学的最后一年，因为当时欺负我的高年级学生已经毕业，我过得还算开心。但不安的事情也随之而来。我的学习越来越跟不上。另外还有语言上的问题。

在我们家，我的父亲和母亲都是健全人，而我和妹妹是听力障碍者。在家里我们混合着用手语、线索语[1]来进行交流。

手语会出现在电视画面的角落，我想大部分人都知

---

[1] 线索语（cued speech），一种利用手势来辅助唇读的交流方法。用口型表示母音，用手指动作表示子音，如此相互配合来表现日语语音，实现语言的可视化。目前线索语的方法已经应用于多种语言。

道它吧；而线索语的方法是说话人张开嘴说我们平时说的口语，再配合简单的手势动作来表达日语发音。因为妹妹上的聋人学校里采用这种方法，所以我们家也在使用。

打手语的话需要用到两只手，而且如果不把感情表现出来，意思很难传递给对方。手语不需要张嘴就能完成。线索语只需用一只手，相对来说比较容易记住。可如果说日语的时候嘴巴动作不清楚，那看的一方就会很难明白。两种方法都有各自的长处和短处，所以我们在家混搭着用。

但在我的学校，不论是手语还是线索语都不管用。我只能通过读老师的口型来理解他/她在说什么。如果老师嘴的动作比较慢、动作比较清晰，我可以读懂。但如果是一般人正常的说话速度，我就完全无法明白对方在说什么。我仅有的依靠就是老师写在黑板上的内容和发给我们的复印资料。可是只凭这些学到的东西非常局限。

我没有妄想过取得多好的学习成绩，但无论如何也不希望自己成为倒数，跟不上老师讲的内容。我到底能不能跟上中学的课程呢？我会不会在中学里又一次被欺负呢？

当我升入川越市立初雁中学时，心里的不安压过了对新校园生活的期待。

中学里有一半学生都是从别的小学升上来的，有很多新面孔。

"他们一定会觉得和我说话很麻烦吧。可能他们不愿意被别人看见和我讲话的样子吧。"

我控制不住自己这样想，也就更不敢主动跟别人讲话了。在教室里我一直都是一个人的状态。总之，先努力学习吧，我下定决心。上课的时候，我拼命地盯着老师的嘴。

只去了一天的垒球社团

初雁中学有一个规定，每个学生都必须参加社团活动。

左思右想后，我决定加入垒球社团。因为我喜欢他们的制服，希望自己能穿上它。

不过，想加入垒球社团的人有很多，报名者要接受社团的选拔测试。在50米快跑、投球等体力测试中排名靠前的人才有资格加入。我对自己的体力是小有自信的。因为我从小跑步就快，肩膀和腰部的力量也强过周围的人。和预想的一样，我通过了体力测试。

可我没想到自己在垒球社团只待了一天。

社团活动的第一天。

在所有成员都参与的跑步训练开始之前，社团规定每个人要依次喊话。一个人喊出"加油"后，全员喊出"是"来回应。全员轮番。

然而我做不到。我不知道什么时候轮到自己。同样的情况也发生在操场上的训练。站在远处的指导员给出指示，但我看不清对方的口型，完全不知道该怎么办。

如果是性格强硬的人，这时候一定会直接告诉指导员："我耳朵听不见。请用手势或者我能明白的方式给我指示。"

可我做不到。只能自己干着急。尽管我跑得很快，很擅长体育。

我越是这样想，越觉得自己可怜。我一定看起来很窘迫吧，我感觉丧气极了。

　　当天垒球社的活动结束后，我回到家哭着对母亲说："我想退出垒球社。"

　　母亲什么也没说，拿起话筒拨通了班主任的电话。

　　这件事之后，很快我就加入了美术社团。因为母亲和班主任建议我"你画画好，换成美术社团怎么样"。

　　进入美术社团后，我才终于体会到中学生活的乐趣。社团里都是和我一样喜欢画和看漫画的伙伴。我们一起画漫画，互相交换着看自己创作的漫画。

　　我当时画的漫画都是一些无聊的故事，如今回忆起来简直羞愧到满脸通红。我画的所有故事的设定都以自己为主角。而且，如今回想起来我才发现，不知道为什么当时的每一篇漫画都全是吵架的场景。可能当时我的负面情绪都发泄在了这里吧。

　　总而言之，在漫画故事里的我随心所欲地施展拳脚，骂起人来口若悬河。在现实里做不到的事情，在漫画的世界里能够尽情畅想。我感到非常快乐。也许这就是我痴迷漫画的原因。

大概在其他社团的同学眼里，我不过是一个彻头彻尾的漫画宅女。不过当时我还有其他同伴，所以毫不在意旁人怎么看。有时连回家之后也继续埋头画漫画，等回过神来才发现天都已经亮了。

　　有几次我的漫画还入围了比赛。在川越市防灾绘画大赛上，我的画拿了特等奖，被用作防灾宣传的海报。当时我真的特别开心。

　　我曾经想过中学毕业后升入美术方向的学校，以后要成为漫画家或者插画家。这是我第一个能称之为梦想的梦想。为了实现梦想，我必须取得最起码的合格成绩。因此我比之前任何时候都要更加努力地学习。

因为偷东西被带到警局

　　我是一个性格被动的人，不会主动采取行动。中学时代的我比现在要更没有主见，别人说什么就是什么。我朋友很少，所以对和我关系好的人说出的话，我做不到拒绝。更准确地说，我是绞尽脑汁拼命想和别人打成一片。这样做的结果是，等意识到的时候，自己已经做出不可挽回的事情。

记不得那是在初中二年级的秋天还是冬天了。总之事情发生在天气正在变冷的季节。

我和两位朋友一起去川越市内的百货店玩儿。走进一家杂货铺后，我看到一位朋友伸手拿起一件商品，然后立刻放进了打开的手提包中，脸上没有丝毫的犹豫。

这位朋友像在透露一个重要秘密似的，朝我张开嘴，示意我：

"惠子，不试试吗？"

当时我正拿着一件想买的手办钥匙链。我听从朋友的话，随手将钥匙链放进了自己的袋子。

后来我才知道，这个行为被称为偷窃。

我的两位朋友大概在走进这家店之前就已经有偷东西的计划了吧。可我没有读懂两人关于这件事的对话。

我们三个人在接受了便衣警察的教育之后，被赶过来的警察带到了警局。

负责我们的警官是一个又暴力又凶煞的人。他在我们面前凶猛地踹桌脚，用手狠狠地敲击桌面。我从来没有被带到警局里过，更连做梦都没想到自己会受到警察的盘问。在警官教训我们的过程中，我一直害怕得发抖。

盘问结束后，警察联系了我们的父母。朋友的父母来把他们接走了，而我的母亲碰巧当时回了老家，无法取得联系。

我从警局出来后，先去了朋友家。在朋友的家，我收到了母亲已经回家的信息。于是朋友的妈妈开车把我送回了家。

在家门口等我回家的母亲仿佛变了一个人，脸上的神情可怕极了。我的父亲性格沉稳温和，相比起来，母亲的性格好强，是个急性子。等朋友的妈妈离开后，母亲的巴掌和拳头猛地一下子朝我劈头而来。母亲对我又打又踢，家里的东西也被弄得乱七八糟。

那段时间，父亲的房地产生意进展得也不太顺利，家里经常爆发出父母的争吵。那段时间的母亲一直很烦躁。在我小学五年级的时候，她当上了特别支援学校[1]的非正式教员。我想那段时间她的身心一定都很疲惫，也承受了很大的压力吧。

后来我把自己关在房间里，埋头跪在地板上，心里咒骂着：

"烂透了……我这个人烂透了。"

好像所有的一切都被画上了终止符，好像我的人生忽然坠下了深渊。

不去上课的日子……

那件事情发生以来，我在学校里也不像之前那么有活力了。

以前在上课的时候，我总是非常集中注意力地去读

---

[1] 特别支援学校，日本的学校类别之一，该类学校的目的是让残障人士接受"幼儿园、小学、中等教育、高等教育相当水平的教育"以及"克服学习和生活上的困难，获得自立能力"。2007年，日本文部科学省将盲人学校、聋人学校以及特殊护理学校在教育法里的分类统一为"特别支援学校"。

老师的口型，专心听讲，而那时的我已经做不到。

当时的我一定面如死灰吧。班主任注意到我的异样，还关心地问我"怎么了？"，我也只是闷声不做回答。

"我是个垃圾。我一直努力学习，努力追赶别人……我好累。"

现在回想起来，当时的自己一直在默默忍受着各种事情，小心翼翼地过着校园生活。一次的失败让这些积压在心底的负面情绪瞬间喷涌而出。我感觉自己像是掉进了看不见底的深渊，永远无法爬上岸。能正常学习的同学、开心地和别人聊天的同学，他们都站在我的上方。

我抑郁的时候就不去上课，经常坐在通往天台的楼梯上打盹。

来找我的老师非常担忧地问候我。可老师说的是正常口语，我根本不懂对方在说什么。准确来说，是我不想搞懂。那个时候我变得连人的脸都无法直视，更不可能和人进行交流。我只有保持沉默。

进入三年级，周围的同学都在为了考试而努力学习，而我却懒懒散散，完全提不起学习的兴致。以前想考入的那所有美术班的高中，我也放弃了。想成为漫画家或者插画家的梦想，在那个时候被画上了句号。

妹妹圣子从小开始上聋人学校。学校里大家会用手语，妹妹似乎一直没有碰到交流上的困难。她看起来很享受校园生活。我很羡慕她。

"我想去聋人学校。"

尽管我这么跟母亲和班主任说，但两人都非常反对，让我坚持到中学毕业。

不论他们怎么试图说服我，都丝毫无法动摇我内心坚持想去聋人学校的意愿。我再也不想呆在无法交流的世界了。

如果我去聋人学校的话，那我也不需要准备中考。后来的大部分时间，我都在玩。不去学校，经常泡在游戏厅。

当然，我的行为招来了同班同学的反感。我开始感觉到他们看我时冰冷的目光。

"旷课王！"

我控制不住地去想他们一定在背后这么骂我。之后，我变得完全不去上课了。

导火索是某天教室里发生的一件事。

橡皮擦事件

有一天的数学课上，我坐在最前排，忽然感觉到有什么东西落在了自己的肩膀和头发上。接着，我就看到桌上摊开的笔记本上掉下了一块又一块扯碎的橡皮擦碎块。身后有谁将它们朝我扔了过来。

我再也受不了了，迅速站了起来，把身前的桌子掀翻，然后转过身吼道：

"是谁！"

教室里瞬间鸦雀无声。每个人的脸上都写满了惊讶。所有人都用无比陌生的眼光看着我。

当时数学课的老师是我们的班主任高桥香（カオリ）老师。老师担心地问我："发生了什么？"我什么都没说，一声不吭地把桌子摆好，重新坐回了座位。我的身体在控制不住地颤抖。

老师好像对着全班说了些什么。可能是在问"是谁干的"。朝我投掷橡皮擦碎块的同学主动站了出来，向我道了歉。他解释说橡皮擦不是朝我扔的，而是想逗别的男同学玩。之后，老师就继续讲数学课了，而我一直埋着头坐在座位上，身体不停地发抖。

我记不清是在事情发生后很快，还是过了一段时间，高桥老师再次跟我解释道："那位同学解释过了，橡皮擦不是朝你扔的。"

虽说可能只是单纯的一场误会，但落在我笔记本上的橡皮碎块真的很多。我当时很难接受这个解释。这件事情发生以后，我再也不想和这个班有任何关系了。谁的话我都无法相信。有时候我把书包留在教室里，课间就溜出来然后直接回家。

橡皮擦事件之后隔了一段时间。有一天我不经意间看到了讲台上放着的班级花名册。花名册上写着我名字的地方有被人擦过的痕迹。

一定有人在生我的气。一定是有人觉得像我这样的家伙最好再也别出现了。一这样想，我就再也不能忍受待在这间教室里了。后来我再也没在班上出现过。

我唯一的避难所是学校里的语言学习教室[1]。

和小学时代的"语言听力教室"类似，我在中学每周都会去一到两次语言学习教室。在那里补习平时上课不懂的内容，进行读唇语的训练。

躲在语言学习教室的日子

和田幸子老师是我在语言学习教室的指导老师。

和田老师是我上初中二年级的时候才来语言学习教室的。当时我很不喜欢中途插进来的和田老师。我和之前的男老师相处得很愉快，所以尽管和田老师在很多方面都很照顾我，我还是觉得她很碍眼。

---

[1] 语言学习教室（言語学級），日本中小学教育体系中针对有语言功能障碍的儿童而设立的特别支援教育的一种，在以年级为单位进行常规的集体学习活动、学校活动之外，针对有语言障碍的儿童开设个别指导课程，以帮助这类儿童克服在学习中遇到的困难和障碍。

我是上初三之后，才对老师有了不同的看法。

和田老师不只教有听力障碍的学生，她也教有智力发育障碍的学生。有时，患有智力发育障碍的学生会来语言学习教室串门，我也去过他们的教室做陶艺。看多了老师和学生相处的样子，我逐渐能感受到老师的温柔善良以及她对残障人士的关切了，心里自然而然萌生出对老师的敬意。

当时，班上的课我一节都不去上，变成了彻头彻尾的旷课学生。对此束手无策的母亲曾找到和田老师商量我的问题。

和田老师并没有责怪我，反而对我说："你每天都可以到这里来。"老师的话让我放下了顾虑。每天的大部分时间我都呆在12—13平方米大小的教室里，要么看书，要么与和田老师聊天。当时在日本越来越多的学生去学校也不去教室上课，而是待在保健室，而我则是待在语言学习教室。

班上的两位女同学经常来语言学习教室，她们跟我说"快回来吧""大家都在等你"。不过我并没有回去。我无法听从好友的劝说，那样的建议让我感到痛苦。

高桥老师也来康复室劝我："回来上课吧。"

但我选择无视她的话。

甚至有老师在劝我回班上的时候哭了。但在那个时候，这些反倒增加了我内心的抗拒。

"别一副假惺惺的热血教师模样。我甚至听不见你在说什么。"

我只会这样想。

那段时期电视和报纸经常报道儿童因为受到霸凌而自杀的新闻，自杀已经成为一个社会问题。可能大家担心我会出事吧。后来班上所有的女孩子都来劝我。

"班上的男同学也都在等你呢。一起来参加活动表演吧。"

当时高中入学考试已经结束，学校即将迎来毕业典礼。他们说的表演是在体育馆的球技大会上，初三学生所进行的最终表演项目。我非常不情愿地参加了。当天的大部分时间，我都一个人坐在体育馆的角落里。班上的同学跟我说话，我最多也只是回答"嗯"或者"哦"。

明明是同学们好不容易创造的共处机会，可头脑顽固的我毫无回心转意的念头。我决定不回教室，也不参加毕业典礼。

我当时的性格真是偏执到了极点。

但是不论是家人还是朋友、老师，我没能对任何人说出内心的烦恼和不安。现在的我能肯定地说，要是当时我能打开心扉，一定会有人理解。但那个时候的我没有。我已经让父母很头疼了，我不想因为自己真实的想法让他们更加难过。

就这样，我任由心里的不满越垒越高。现在回想起来，当时我内心的压抑几乎到了爆发边缘。

在校长办公室领取毕业证书

我在语言学习教室的时间后来也被算进了课堂出勤。这样一来，我得以勉强毕业。

可我拒绝和别的学生一起参加毕业典礼。一方面因为自己长时间不去上课而心怀内疚；另一方面，明明没有人为我的毕业而高兴，也没有人因为我的离开而伤心，我不知道现在去参加毕业典礼有什么意义。

1995年3月15日，毕业典礼当天。

学校叫我最起码也要去领取毕业证书。典礼当天，父亲开车载我去学校。出发前我估算着典礼的结束时间，故意推迟出门。因为我不想见到同班同学。

到学校后，我径直朝语言学习教室走去。我盘算着从和田老师那里领到毕业证书后马上掉头回家。突然，有人推开了语言学习教室的门。班主任老师出现在门口。她身着和服，和庆典这个日子很相称。

"大家都在教室里。小笠原同学也一起来吧。来吧。"

但我选择无视老师的邀请。老师脸上带着失落的神情，走出了房间。

过了一会儿，和田老师来了。"有给你举办的毕业典礼。"说着她就把我带出了教室。原来，在毕业典礼和最后在教室进行的师生告别活动的时间间隙，有的学校会专门为不来学校的学生以及因为其他原因不愿意出席毕业典礼的学生单独举办临时的毕业仪式。当时的我对此一无所知。

老师带我去的地方是校长办公室。

办公室里有校长、教导主任还有中学三年的指导老师。"我只想从和田老师那里领完毕业证就结束。"我心里着想，感觉自己被她骗了，与此同时也感到很羞愧。我战战兢兢地接过自己的毕业证书。忽然，在场的所有人一齐举手鼓掌。没有声音的鼓掌，莫名地让人感觉有些空荡荡的。我把毕业证书卷起来，飞快地走出了房间。

"什么烂学校。我讨厌这个地方。"

我走到教学楼后面的停车场，钻进父亲的车里。这时，透过车窗，我注意到一个人影在往这边跑。是语言学习教室的和田老师。

我把车窗摇下来，和田老师看着我的眼睛，带着她一如往常的温柔的微笑，对我说道：

"再见！"

走出教学楼目送我离开的人，只有和田老师。

聋人学校和叛逆的生活

"听不见"的不自由

耳朵"听不见"带来的障碍有很多。

我丧失听力已经有三十年时间，按理说，听不见的现实早已经化作我的一部分。但即便这样，过去和现在它给我带来的不便也没有丝毫减少。

举个最简单的例子，几个人聚在一起说话的时候，我无法理解对方在说什么。人们听到玩笑后会笑出声，而偏偏只有我笑不出来。

这种感觉可能比较像完全不懂英语的人在国外看电影时的体验吧：在座的观众在搞笑情节的地方捧腹大笑，只有自己一个人不明所以地呆在那里，甚至感觉自己反而会因为这一点受到嘲笑。也有人问我会不会因为听不见而感到痛苦。我想，如今的我算是已经习惯，所以不会在意这些。

不过直到中学毕业，我虽然都装作一副毫不在乎的样子，强行把笑容挂在脸上，心里却很难受。

我现在不会那样做了，所以经常有人觉得我性格沉默安静。

在便利店或者超市的收银台，店员总会问"要袋子吗？""有积分卡吗？""需要一次性筷子吗？"，这其实很困扰我。如果我稍不留意，就容易被对方误解成我在无视他/她。所以我也常常因此而被店员甩脸色。有那么一次，我看到一位年轻的店员朝我呲嘴，火气突然一下蹿了上来，还对他做出了反击。

到了最近，当收银员跟我说话的时候，我会立刻左右晃动手臂，用肢体语言示意对方我的耳朵不好。

在我二十岁出头的年纪，还发生过这么一件事。

在路上走着走着，我忽然感觉身后好像有人。一转头，我看到一个骑着自行车的男人，用诧异的目光看着我。原来是他看我挡了路，刚才一直在按铃铛。男人稍微歪了歪头，嘴里嘀咕了一句"脑子有病吧"。我生气了，狠狠地瞪着他。紧接着，男人攥起拳头，做出一副要打架的架势。他是个大块头，不修边幅，看着有点吓人。

一瞬间我感觉不妙，立马张口说：

"我耳朵不好。"

话音刚落，男人就带着歉意对我说了一声"对不起"，立刻走开了。

经历了这次令人生怯的事件，我走在马路上一定会紧靠左侧[1]，并且会时不时回头看看身后。

就像这样，我每天都会深刻地感受到耳朵听不见所带来的生活限制。

也有听障者对这些不便和不适毫不在意。也许是我这个人做不到很好地调整自己的情绪吧，很容易就感觉情绪低落。我是个超级胆小怕事的人。

当时我又正在青春期，中学时代的我非常小心敏感。另外听觉不断下降的现实也加剧了我的低落情绪。

---

[1]　日本的大部分地区，人和车辆都靠左通行。

现在我依然能记得绝大部分《哆啦A梦》主题曲的歌词和节奏。小时候我的右耳听觉比现在要好，也许是当时听了很多遍，所以自然而然就记住了吧。

但进入中学后，我就变得记不住新曲子了。以前耳朵能听见一些微弱的声音，可上中学之后就完全听不见了。哪怕是习以为常地和别人对话，反复听和听错的情况越来越多。

"麻烦你仔细听好。"有的朋友会直接对我这样说。

我在仔细听啊，我拼命在听啊，但是我听不见。所以我越来越害怕和人交流。和人接触这件事变成了我的一个痛处。

我听说，有人的听力会随着年龄的增长而变差。我的听力下降也有可能是因为心理的压力，也有可能是因为助听器的使用不当。和眼镜一样，如果硬要佩戴不合度数的眼镜，时间久了可能会导致视力下降。

为了能够听懂别人在说什么，我会调大助听器的音量。但这样会造成头痛或耳鸣，让我苦恼。

当然，中学时代也有快乐的事情，有笑的时候。但大多数的时间，我心里都很郁闷。这份郁闷曾以我自己都意料不到的方式向外倾泻而出。

获得手语这个武器

1995年4月，我进入埼玉县立坂户聋人学校（现为埼玉县立特别支援学校坂户聋人学园）的高中部就读。

我的父母一定这样想：难得初中上的普通学校，和健全人坐同桌，剩下的三年再努努力该多好。但只要是自己决定的事情，我一定会顽固地坚持到底。如果没有过亲身经历，我绝不会听别人的意见。父母知道我不撞南墙不回头的性格，什么也没说，把我送进了聋人学校。

在聋人学校，我第一次感受到建立在手语上的日常生活。

对听力障碍者来说，交流的方式有几种。听障人士可根据自己的擅长程度、交流的场合，以及对方的身份来选择使用哪一种方法。

就我个人而言，如果是对方也是听障人士，我会使用手语。和听人[1]交流的时候，一般情况是用唇语，如果要说的事情很长，有时候也借助纸笔。如果对方身处别的地方，那就会用邮件交流。

这些方法之中，最让我感觉轻松的是手语。手语能够准确地表达出我想要传达的意思，也能够表达唇语或者纸笔所不能表现的情绪。

学会使用手语，让我的学校生活发生了翻天覆地的变化。

坂户聋人学校从幼儿园到高中部都有，整体有大约一百名学生。我入学的时候，我的年级只有四名学生。

恰恰因为人少，所以师生之间、朋友之间的距离很近。我们每天都用手语和唇语进行大量对话。原来在学校里也能和人顺畅地交流，能够表达自己情感的细微之处，是这么开心的一件事。当时我感觉悬挂在胸口的那块大石头终于"哐当"一下落了地。

有一天体育课的内容是游泳，我别说是站在旁边观摩，干脆直接没有去上课。

---

[1]　听人是聋人对听力正常的人使用的称呼。

班主任老师当然不会轻易放过我。

"别得意忘形，再这样小心被退学！"

老师用手语严厉地训斥了我。

老师的话一下子点燃了我的怒火，我当着班主任的面，猛然一脚踢飞了体育馆的铁门。我的本意是想吓唬吓唬老师，虽然这一意图宣告失败，但对我而言，这是我出生后第一次采取行动来反抗教师。

来这里之前，我在校园里没有办法顺利地和人进行交流，和老师之间的沟通也几乎为零。

但聋人学校不一样。这里有手语。

所以至今没有被人说过的事情，如今却赤裸裸地被人指出来。那种感觉就像内心一尘不染的房间突然被人赤脚践踏。这种行为反而激怒了我。

在中学里，我也曾经因为老师的态度而感到不爽，但当时我最多只是狠狠地瞪上两眼。而在聋人学校，我通过手语获得了语言的武器。我用这个武器展开毫不留情的攻击。积压在心底的情绪一下子全部爆发了。

体育馆的那次反抗之后，只要老师提醒我或者批评我，我就会立马进行反抗。本来我的性格就固执，这下子更听不进别人的话了。

打老师后受到休学处分

有一回，我向朋友提出："前辈想染头发，可她住在宿舍里没法染，所以我们决定在教室弄，你来帮忙。"

坂户聋人学校里有学生宿舍，但戒律森严，更别说染发了，绝对不可能。

那天晚上，我和朋友悄悄溜进教室。

为了不被人发现，我们没有开灯，在黑漆漆的教室里往前辈的头发上涂染发剂。染发剂刺激的化学味道钻进我的鼻腔。借助月光的照射，能看见前辈被染成棕色的头发。我们就像在进行什么地下秘密仪式，内心既害怕又兴奋。

这时房间突然亮了起来。夜间巡视的体育老师发现了我们。

那段时间我和体育老师的关系很差。

入学后，我加入了田径社团，但是几个月之后我就很随便地退出了。退出的原因我现在已经不怎么想得起来，大概是放学后想去玩吧。当时担任田径社团顾问的就是这位体育老师。后来偶尔我们在学校碰面的时候，这位体育老师说我是"没毅力的家伙"。正因为被他说中了，我才更生气。

体育老师看到我们在空无一人的教室里，立刻冲进了教室。

"你们在搞什么！"

老师一把抓住我的领口，把我推倒在地。我想尽办法反抗，然后飞快地跑出了学校。我当时之所以觉得"情况很麻烦"，是因为发现我们的是这位老师，至于反省的心情，我压根没有。

"那个暴君，不可原谅。"

我和朋友就像两个不良学生，对那位老师一顿痛骂。之后，每当我在教室的走廊里和那位老师擦肩而过，我都会目光凶狠地瞪着他。当时我心里想着总有一天我要报仇雪恨。

几天后我受到了那位体育老师的什么提醒。可能只是一些很琐碎的理由，但我仿佛迎来了等待已久的时刻一般，内心的愤怒火山爆发了。

我走进教室，从保洁收纳区里拿出拖把，对准老师的后脑勺用力地敲了下去。老师也不是好惹的对手，他从我手里抢过拖把后，迅速朝我的肩还是腿揍了一拳。别的教室里的学生和老师也聚集过来，走廊里顿时变得沸沸扬扬。

这件事之后，我被学校处分停课三天。其实我记不清楚具体是三天还是一星期了。因为后面我又受到了好几回处分，所以记忆混淆了。但即便如此，我依然不知道什么是"规训"。

我和体育老师的斗争愈演愈烈。我们之间反复上演着性质恶劣的恶作剧。比如我看到老师过来了，就看准时机从二楼的窗户扔下装着水的溜溜球。

当我三番五次地收到学校发来的停学处分通知，和母亲之间也爆发了激烈的争吵。

虽然当时我已经对自己在学校里总是挥舞暴力而感到悔恨，但始终不知道应该如何安放自己的情绪，很多时候反而把它们对准了父母。

和母亲争吵的那天，我完全无法控制自己的情绪，对她说出了我曾发誓绝对不能说出口的话。

"我根本就不想来到这个世界上。我讨厌自己的人生。"

当我说出这句话的一瞬间，我感到母亲的手用力拍在了自己的脸上。

母亲当着我的面哭了。这是我第一次看见她哭。

"杀了你，我就去死。"

高中时候的我没有办法控制自己的情绪。走在街上看到打扮招摇的同龄人，我会对他们怒目而视。不论什么时候我都处在战斗模式。别人究竟是怎么做到平抚自己的心情的呢。高中的我很难理解。我实在无法控制内心的情绪激流。

那天母亲哭了之后，我对父母的顶撞也没有减少。我只要心情不好，或者碰到了烦心事就会把父母当作宣泄的出口。

母亲也快到承受极限了吧。某天，她终于对我喊道：

"干脆我俩都跳楼死了算了！"

母亲和我吵架的时候，她的语速会因为激动的情绪而越来越快，我没办法看清她嘴唇的动作。

"什么，你在说什么？我不懂！"

母亲马上迅速地比了一个线索语的手势，朝我大喊：

"我先把你杀了，然后就去死！"

我想当时母亲的声音一定大到周围的邻居都能听见。

我也不甘示弱，扯着嗓子对母亲吼道：

"你休想，我才不会去死！"

明明是我自己说不想来到这个世界的，心里却怕得要死。我从来没想过自杀，也不愿意想。

我每次和父母吵完后，都会把自己关在房间里哭。

为什么我总是针对父母？我究竟该怎么做才好？我怎么想都想不出答案。尽管我当时已经能用手语表达自己的心情，却找不到可以贴心倾诉的人。

一切都变得无所谓了

上高二之后，我容易暴走的性格也没有丝毫改变。在学校里扔椅子，砸碎教室窗户，殴打男老师。

为什么我会干出这样的事情？

从中学毕业的时候开始，我就隐隐对自己的未来感到不安。这份不安的情绪一年比一年剧烈。来聋人学校读书是正确的吗？还是一个错误的选择？如果我和妹妹一样从小就读聋人学校，是不是自己就不会变成今天这副模样？会不会父母为我选择的先读普通学校再读聋人学校的顺序弄反了？我早就扔掉了梦想，所有的一切都变得无所谓了……

我绞尽脑汁想要弄明白自己变成今天这样的原因，越来越无法控制自己做出暴力行为。我很害怕当时的自己。

一次在我打了学校老师之后，校长对我说："你要是再这样下去，我们只能报警。"

母亲也对我说了类似的话。"虽然我绝对不愿意看到自己的女儿进监狱，但如果惠子你被抓了的话，探监我还是会去的。"

我很害怕。再这样下去我的结局可能真的就是进监狱。

就连性格温和的父亲到后来也对我抬起了手。而且还不是扇耳光，是用拳头狠狠地捧了我一顿。

"现在我觉得当时打你的行为是不对的。但是那个时期的惠子光是打两巴掌是不会冷静下来的。我如果不使出全力，你绝对不会听我的话。"

我成为大人之后，父亲才苦笑着对我坦白。那个时期，父亲很认真地在为我寻找提供心理治疗的医院。可想而知当时的我有多么让人束手无策。

我虽然不是基督教信徒，但我怎么也想不明白自己为何变成这副样子，最后甚至想去当修女。因为我看到电影里展现出的修女在修道院里修行的样子，觉得如果我这样做的话没准可以回到正轨。

我咬咬牙，决定把这个想法告诉班主任老师。

高二的时候，我的班主任从男老师变成了女老师。我和高一时候的班主任关系很差，总是跟他吵架。现在的这位老师很好沟通。我烦躁的时候找她聊天，总会得到安抚。

"我想当修女。"

老师看着一脸困窘的我，突然笑了。

她说："可是修女不能打扮成自己喜欢的样子。也不能骑摩托车。"

听到老师说出"摩托车"三个字，我突然心里一惊。我拿到摩托车驾驶证的事情看来是完全暴露了，可我没有向学校里的任何人说起过这件事。

毕业后该怎么办……

我当不了修女。绝对不行。可是……我无论如何也要洗心革面。我找不到出口，真的苦恼极了。

"没准我是因为没有参加社团活动，身体里的能量发泄不出来才会变得这么暴力。"

某天，我的脑中忽然浮现出这样的想法。那天之后，我开始每天晚上都出门夜跑，也开始做俯卧撑和腹肌锻炼。

尽管我觉得光凭这些事情肯定不会起什么作用，但也总比什么都不做要强。

　　没想到的是，坚持一段时间之后，成效出现了。

　　每天坚持的跑步锻炼，到后来竟变得能从跑步中获得快感。跑步结束后我也没有力气再想晚上出去玩。这样一来，我的心情稍微变得比之前平静了。

　　这样的变化让我和过去的玩伴之间的话题越来越少，在学校里也变得更加喜欢独处。

　　升入高中三年级后我也依然是这样的状态。为了排解一个人的无聊，以及为了在学校里做运动，我重新启动了阔别已久的社团活动。这次我选的是排球社。因为排球只需要把飞过来的球打回去，不需要额外的道具，就算耳朵听不见好像也能完成。我的体能已经得到了充分的锻炼，完全跟得上社团的训练强度，我也变得比以前更积极地参加比赛。

　　社团之外，我还重新拾起了另一项活动，那就是画画。

　　当时埼玉县正在举办读者绘画的评选比赛。时隔几年，我又一次拿起了画笔。我投递的作品获得了优良奖。

我一点一点地重新找回了以前的自己。至于再次把绘画作为自己追求的梦想，当时已经太晚了。同一时期，周围谈论毕业出路的声音也开始多了起来。

　　我自己也到了必须考虑这件事的时候。但是，之前我那副模样摆在这里，对未来我完全没有任何考虑，也没有进入社会的信心。我当时想的是最后去哪里都行，总之先到聋人学校的专业进修班再读一读。

转身逃离

　　我并没有特别关心自己的未来，倒是我的班主任老师在替我认真地考虑毕业后的出路。

　　老师建议我："你的指尖很灵活，要不试试考口腔技师的从业资格证？"

　　我也没有其他特别想去的地方，于是决定毕业后去老师推荐的学校。

　　在听力障碍者群体中，有很多人勇敢地面对自己的缺陷，保持积极的心态，提前规划自己的人生路径。只不过非常遗憾，我不是他们中的一员。

　　在我的小学和初中时期，看到同级的同学没有任何压力地聊天、听课，真的很羡慕。回到家里，我嫉妒在聋人学校开开心心地读书的妹妹。尽管我心里清楚，她也有厌倦和痛苦的时刻。

　　我恨自己耳朵听不见。别说什么积极面对了，我反而背过身去，企图逃离。

　　我很懦弱。一直很懦弱。

我想战斗！

口腔技师的技术

筑波大学附属聋人学校（现为筑波大学附属听觉特别支援学校）的口腔技师专业，是日本唯一一个为听力障碍者创办的口腔技师培训项目。这里的毕业生小部分进入普通企业工作，大部分都进入口腔医院、综合医院，或者去专业制作假牙、嵌体、矫正器具的生产商工作。学校在学生就读的三年时间里会教授他们丰富的专业技术，老师们也很热心，学校的就业率很高。

和我同级的同学回忆起刚进学校的我，都觉得我是一个"性格阴沉，寡言少语"的人。

当时的我的确是这样。新学期才刚开始，可我却毫无动力，总是沉沉闷闷的。我没有想过成为口腔技师，也压根对这个职业不感兴趣，所以我怎么也找不到努力的理由。

那个时候我们一家已经搬到东京市内的板桥区，从家到位于千叶县市川市的学校要花两小时。因为我实在受不了满员电车的拥挤，最终决定住进学校宿舍。

然而，即便到了新的环境，我没过多久还是不出意外地犯了大错。

管理人员发现我半夜溜出去玩，于是不到一年时间我就被赶出了宿舍。父母因此对我大失所望，但因为我早就自暴自弃，所以自己倒没觉得有什么。

上了二年级，在常规的授课之外，我们的学习内容还包括去口腔医院观摩问诊现场、参观口腔技师的工作场所等实践内容。还有两年我就将成为口腔技师。这么一想，我更觉得自己的自由将被剥夺，也更加郁郁寡欢。

摩托车是消除这份阴郁所求之不得的工具。

我把打工挣的钱一股脑儿全拿了出来，买了一辆400cc的二手美产摩托车。之后开始了逃课、骑摩托车到处玩儿的生活。我曾经沿着普通道路[1]从东京骑到了神户。

在摩托车上的时间，是完全只属于我一个人的时间，也创造了只属于我一个人的世界。骑摩托车的时候，注意力全都集中在驾驶上，不会考虑其他事情。行驶的速度越来越快，心里的一切也被呼啸的风吹到脑后。

我只要对一件事情着迷，就会看不见余下的一切。

不出所料，我因为着迷于骑摩托，课的出勤率掉得很厉害，达不到升学的标准，以至于必须在二年级留级一年。就算我再懒，我也要极力避免再留级一次。那之后我觉得必须要认真去学校，认真听讲。

稀里糊涂开始的拳击生涯

当我为了学习而忍住不出去玩也不骑摩托车，就发

---

[1]　普通道路在日本指区别于高速公路、收费道路、私用道路等特殊公路的一般公路。

现放学后到晚上之间突然空出来一大块时间。如果是休息日，我会骑上摩托车到处走走。但平日里的这段空闲真的很无聊。所以我想找一个摩托车之外的爱好。

想来想去，脑子里忽然浮现出"格斗术"这个选项。那是我在口腔技师学校留级二年级的暑假，我二十一岁。

一方面，我想通过学习格斗术来习得自卫能力；另一方面，高中的经历让我认识到自己在锻炼身体的时候精神状态是稳定的。虽然那时我已经不再干愚蠢可笑的事情，但心里仍留有一丝念想，想当个打架高手。

虽说我想学习格斗技，但格斗技也分很多种。

空手道、柔道、跆拳道、合气道[1]、拳击……我不知道该选哪个，于是决定先去家附近的空手道馆看看。

结果，我简直不用多加考虑，就舍弃了学习空手道的想法。除了要缴纳入会费用之外，不购买衣服、护具

---

[1] 合气道，一种利用攻击者动能来操控能量的武术，是偏向于技巧性控制的防御反击性格斗术，所以合气道不提倡主动攻击。它源于日本大东流合气柔术的近代武术，主要特点是"以柔克刚""防守反击""借劲使力""不主动攻击"。

等就无从开始。购买这些对还是个穷学生的我来说很困难。出于同样的理由，我也排除了柔道、跆拳道和合气道。

前前后后取舍下来，最终剩下的就是拳击了。

学拳击的话，只用穿普通的T恤和运动鞋就可以，至于拳套，最开始也可以租赁。尽管现在我成了职业拳击手，但当时我对这门运动全无兴趣，也没有任何认知。

为了收集信息，我到书店找面向拳击从业者的行业杂志《拳击杂志》来看。碰巧看到家附近就有一家拳馆。这是一家主要面向业余爱好者和健身锻炼者的拳馆。汇集了很多专业选手的著名拳馆对我来说门槛太高。"这家也许可以学习拳击。"我立即去了那家拳馆。

等我跟馆长坦白自己耳朵听不见后，馆长对我说："你耳朵不好啊。没关系，你要试试看吗？"

就这样，我的拳击生涯在既没有决心也没有觉悟的情况下，稀里糊涂地开始了。我压根没想过自己竟会在这条路上走十年。

利用学校的课间做空击练习

在拳馆我最先学习的是最基本的左刺拳和右直拳。应该所有拳馆刚开始都是这样教的吧。这里教得很细，教练的态度也很温和，难怪女性会员有很多。

之后是学习打沙袋。最开始先看馆长做击打的示范，然后我再模仿他的动作。我并不太明白应该用怎样的打法，索性就使劲打吧，于是我使出全身的力气击打。

"真过瘾啊！"

我的情绪开始高涨，感到身心畅快。

有人觉得"拳头落在沙袋上发出咚的一瞬间，非常有快感"，我非常同意。拳头落在沙袋上的瞬间，震动穿过厚厚的手套传递到紧握的拳头上，再沿着手腕传遍全身。身体感受到的震动＝声音就是快感本身。从零开始学习自己从未涉足的事情，从中获得的快乐足以让一个人忘记时间。我上一次如此全神贯注地做一件事情，可能还是中学时代画漫画的时候。

每去一次拳馆，我内心的兴奋都比之前更强烈一分。在学校的时候，我在课间的休息时间都在练习空击，心里只盼着早点放学。

在拳击训练内容里，我也有不擅长的东西。那就是对抗练习。

我头一次做对抗练习的时候，还不会防护，所以被打得眼冒金星。我特别不甘心，之后比以往都要更努力地练习。

拳馆里有很多女性会员，里面有非常强劲的人物。特别是有一位前辈，每次都仿佛身临实战一般，动真格地朝我打过来。按理说我应该正面迎战，跟她角逐胜负，但是我总是退缩。我在心里对自己说："我又不当职业选手，在这里打得头破血流也没什么意义。"到后来，我甚至事先确认这位前辈去馆里的日子，然后选择她不在的时候前往。

我总是在逃避。我的胆小怕事在拳击里也依然保留得完好无损。

拳击优先的打工时代

学习拳击两年后的春天，我从口腔技师学校毕业，之后进入川越市内的口腔技师所工作。在毕业典礼之前，我考取了国家口腔技师资格证。

由于《身体不健全者劳动法》的修订，近来，听力障碍者能够从事的工作范围也变得越来越广。妹妹的朋友就进入了一家知名时尚品牌工作。

听力障碍者群体在工作中面临的最大挑战依然是沟通问题。如果突然进入一家没有前期了解和准备的公司工作，那不论是受雇的一方还是雇佣的一方都会觉得困扰。而且，如果是需要细致交流和表达的工作，以及需要接待或电话服务的工作，听力障碍者就不适合从事。

尽管可从事的工作范围更大了，但听力障碍者从事的工作主要还是集中在制造业、美容美发、机械操作以及印刷等行业，因为这些工作不太需要面对别人，也很少需要和人交流，只要掌握了专业技术就可以长期做下去。我做的口腔技师也是听力障碍者最容易选择的工作之一。

我上班的公司只有一名社长、四名正式社员、一名临时工，是一家规模很小的实验室。社长是个性格爽朗的好人。他的公司之前并没有雇佣过听力障碍者，但是社长欣然答应了学校老师的请求，让我去公司上班。

我的工作，简单来说就是制作牙齿的嵌体、牙桥等物件。医院会送来按照患者牙齿打样做的齿模。齿模里灌入石膏做成模型，然后用蜡整体包上一层，再替换成金属材质，最后加以研磨就做好了。精细的作业几乎都是手工完成，而非机器操作。工作经常需要加班，回到家的时候整个人已经筋疲力尽。

我这个人虽然对喜欢的事情非常着迷，但对不感兴趣的事情很快就会放弃。我没有告诉过任何人，其实那个时候我并没有完全割舍掉画画的梦想。公司的人都对我很好，但是我怎么都无法从这份工作中获得满足感。进公司四个月后，我辞职了。

之后就是持续打工的日子。

邮局的送货员、甜品工厂的夜班作业员、K自助售货亭的销售、去长野县的农村帮忙收生菜的业务员、超市的晨间陈列员、麦当劳的食品制作员。这期间我还考了叉车的驾驶证。

　　能挣快钱的、自己能胜任的……我选择工作的理由各式各样，但唯有一点，时间不规律、加班多的工作我不做。因为我不想挤压练拳的时间。

　　打零工和合同工的生活过到第四个年头，我终于决定找一份稳定的工作。制造、销售牙科材料和相关器械的公司GC成了我的新职场。

为什么不能参加比赛？

　　不论是打工的时候，还是之后进入职场，我都没有中断在拳馆的训练。

　　练习时间久了，我一开始不擅长的对抗练习也渐渐熟练起来。在做对抗练习的过程中，除了基础的刺拳和左右连击之外，就连勾拳、上勾拳以及自卫的方法我也自然而然地熟记于心。

　　拳击的武器只有两个拳头。但拳击手必须要做到能够随机应变地调整出拳的角度、速度和强度，要做到瞬间把拳头从攻击的武器变成防御的铠甲。有时候要装作打左边，实际上则是朝右边进攻，因此假动作的技能也必须掌握。打法的组合千变万化，学得越多，越觉得深奥，这就是拳击。所以我无法半途而废。

说老实话，我痴迷于拳击还有另一个原因，那就是我没有其他热衷的事情。

如果我因为工作原因没办法去拳馆上课，就会先暂时退出这个拳馆，找另一家开到夜深的拳馆继续练习。

在我学习拳击快进入第七个年头的时候，我听说一位男性会员即将参加东京都业余拳击手大赛。得知这个消息后，我头一次产生了"我也想参加比赛"的念头。

在这之前我对比赛没什么兴趣。但是好不容易坚持了这么久，也克服了自己不擅长的对抗练习，我也想通过比赛检验一下自己的实力。

馆长替我询问了比赛的主办方。然而对方给出的回答却是："她不能参加比赛。"

理由是我的健康条件不达标。

馆长对我说，这样的话，那不如去参加技术表演赛吧。

女子业余拳击大赛分为实战竞技和技术表演竞技两种。

实战竞技指，选手佩戴头盔进行三回合、每回合时长两分钟的常规形式比赛。技术表演竞技严格意义上不是比赛，而是比拼拳击的技术和体能，比如体态、走位、出拳的手型、俯卧撑和跳绳、沙袋、空击等。

业余拳击手比赛的规则是，在技术表演竞技上获得及格分数的选手才有资格参加实战竞技。我是到了最近才知道这项规则。也许当初我被拒绝参加实战竞技的原因是没有参加技术表演赛。

总之，当时馆长的结论是"参加不了实战的话，那就参加表演赛吧。表演赛没有安全隐患，肯定没问题"。接着，他就为我申请了参赛资格。

可是，我们得到的回答却是不能参加技术表演竞技。

明明完全不会有危险啊。为什么会这样？只要考官能够稍微注意指示的方式，我完全可以参赛。仅仅是出于听力的问题，就不让我参赛，这个理由我怎么也无法接受。技术表演赛都不行的话，那实战肯定更是天方夜谭。

我感到震惊、失落、憋屈，大哭了一场。

职业拳击手的梦想

我想成为职业拳击手。

参加业余选手大赛的申请遭到拒绝后，我想成为专业选手的心情变得愈发强烈。

虽然我曾一度放弃了这个念头，但与实战的距离越是遥远，对它的渴望就愈加强烈。说起来，在过去那个我离经叛道的时期，父亲曾对我说过这么一段话：

"惠子，你这个人，别人越是责骂，越是打击你，你的斗志燃烧得越是厉害。你会用惊人的力量反击。那股魄力非同小可，你有很强的好胜心。"

曾经的我只要触碰到火光，就会变得一发不可收拾。

当初我想参赛的目的，如今已变了模样。

哪怕耳朵听不见，也可以学格斗技，也可以参加比赛。

我想站上拳台，用自己的战斗来证明这一点，所以我想获得职业拳击手的资格。这成为我内心深处的真实想法。

某天，一位女性职业拳击手来到我在的拳馆训练。当时我还没有告诉别人自己想成为职业选手，一个人独自朝着目标燃烧斗志。当天那位女拳手的对抗练习对手由我来担任。那是我第一次和专业选手进行两分钟三回合的实战训练。我的斗志昂扬。

那段时期，开始有评价说我在女子选手中出拳力量还算不错。但面对职业选手，我的拳头究竟有多大的威慑力呢？我心情忐忑地面对着我的对手。

裁判宣布比赛开始的瞬间，我从正面向对手展开猛攻。三个回合我用尽了全力，结果两人势均力敌。这期间也出现了我连续出拳把对手逼到角落的时刻。

对抗练习结束后，对手的教练一脸惊叹地对我说："你，不打算成为职业选手吗？"

我当然想。可是，我大概无法接受职业认证考试……我一时语塞。这时，站在我身边的馆长用手指了指自己的耳朵，然后左右摇晃着手说："她耳朵不好，不可能的。"

耳朵不好，不可能。看馆长的嘴唇，应该是在这么说。

心里的懊丧一瞬间翻滚而上，堵住了我的胸口。

我和职业选手都打成了平手，为什么不由分说就认定我"不可能"成为职业选手。我没有告诉馆长自己想成为职业选手。也许我的愿望很任性吧。尽管如此，我多么希望他能或多或少觉察到我的心意；我多么希望他抛开听得见、听不见的考量，只把我拥有的实力作为"可能还是不可能"的判断标准。馆长的反应让我很不甘心，我感到孤立无援。

我抛弃了拳击

之后我又提交了业余选手大赛的参赛申请，但结果依旧是拒绝。

业余不行，职业也不行，我对拳击的规矩感到很厌烦。

练拳到了第八年的春天，我和一位大块头的男性会员做对抗练习时发生了一件事。在我朝对方身体打出一记勾拳的瞬间，一阵剧痛刺穿了我的右手腕。事后，医生给出的诊断结果是TFCC（三角纤维软骨复合体）损伤。这个损伤多见于棒球、网球的选手身上。

疼痛非常剧烈，我没办法握紧拳头。一根紧绷的弦，突然"砰"的一声，断掉了。

"我恨死拳击了。我不干了。"

那一刹那，我抛弃了拳击。我不再去拳馆。我厌恶所有的一切。

我小的时候没法跟别的孩子一样唱歌，在小学也受到欺负。我一直很孤独。我以为把情绪宣泄出来就好了，结果得到的只有沮丧。毕业后找的工作也不满意。而现在，连拳击也把我拒之门外。

这所有的一切，都是因为我的耳朵。我恨。

也有听力障碍者主张"视听不见为骄傲"，或者觉得"自己并非不幸"。可这世界上并不是只有内心坚强的人，还有许多软弱的人。

"我是不幸的人。为什么偏偏我耳朵听不见。可恶。"

我一直、一直都这样觉得。

一个月后，我加入了格斗技道场，戴上拳套参加了新空手道和踢拳道的比赛。尽管我不再打拳击，但依然想坚持格斗技训练。我想变得更强。

这回我选择加入的空手道和踢拳道团体不限制听力障碍者参加比赛。我接连不断地参加比赛，仿佛在用这种方式来一吐心中积攒的不快。

五个月里我参加了四场比赛，场场全胜。

我的右手腕在负伤后花了一年，终于痊愈。

为了备战接下来的踢拳道比赛，我希望尽早开始出拳的特训。我想找一个不错的馆训练，于是在网上搜索相关信息。最后，我找到的拳馆，就是"TOKUHON真斗拳馆"。

Part Three
第三部
リングでの闘い
拳台上的
战斗

2011 年 2 月，在后乐园大厅和世界冠军（右）进行表演赛的作者

职业生涯首战

打开心扉

真斗拳馆的训练非常严格。

这里不会因为学员是初学者或女性而区别教学，也不会手下留情。每个人都得接受和专业选手强度相当的激烈教学。

在我之前去的拳馆里，很多以减肥或者健身为目的的女性都能轻松锻炼，馆里的气氛也很和气。正因如此，我来真斗拳馆的第一天才尤其感觉脊背发凉。特别是当我接受馆长指导的时候。每次馆长在我面前大喊"明白吗！惠子！"时，我都吓得额头冒冷汗。

但不论是专业选手还是普通学员，馆长都会耐心细致地给予指导。如果学员做出不符合他预想的动作，他并不会发火，反而会教训负责该学员的教练。馆长和教练充满了教学的热情，在这里的学员也自然地被他们传递出的热量所感染，整个人变得充满干劲。

真斗拳馆的严格不只体现在拳击的技术训练上，对学员礼仪的要求也一样。这种严格让人不禁觉得称呼这里为"道场"比"拳馆"更贴切。

馆里有一个规矩，进门后一定要先在门口打招呼。我的声音很小，很难被馆长听到。我总是被他提醒"打招呼要大声"。

"你好。"

"听——不——见！"

"你——好！"

"啥？"

馆长把手放到耳朵后面，比了一个"听不见"的动作。这样的对话一直持续到我打招呼的嗓门大到他满意为止。

如果我的声量ok的话，馆长会回应我"你好！""不错！"。如果碰到我一次开口就过的情况，他就会说：“惠子，很好！”

其他学员每次都笑着看我和馆长之间的互动。说来惭愧，当我照馆长说的那样放开嗓门，竟发现自己不知怎的确实更有精神了。原来说话的大音量能够转化成自身的能量——来到真斗拳馆，我第一次明白了这个道理。

和馆长在一起，总会发生数不尽的有趣事件。

某天，就发生了这样一件事。

我的走位怎样都达不到馆长的要求，怎么做都做不好。

“惠子，是你今天穿的鞋太奇怪了。”

馆长话音刚落，转头就把在二楼家里的夫人喊了下来。我不太听得见馆长对夫人说了些什么，好像是“你去买双室内鞋”。平时，馆长很喜欢穿中小学生在学校里会穿的那种室内鞋。也许他是想让我穿上和他一样的鞋子吧。

现在大晚上的，夫人突然被叫去买室内鞋，真叫人受不了。于是夫妻俩在拳台边上爆发了激烈的争吵，而我这个造成争吵的罪魁祸首，却愣在一旁不知所措。

馆长和夫人之间的交流，还有一次给我留下了很深的印象。

有一次，我和馆长在拳馆二楼说话。忽然，夫人对馆长说："你这样惠子怎么听得懂。"说完就顺手把笔和纸往桌上一放。馆长摆出一脸委屈的表情，说道："可我眼睛不好使啊。""没准夫人是故意让馆长出洋相。"我当时想，拼命忍着不让自己笑出来。

虽然馆长在教学的时候有可怕到让人魂飞魄散的一面，但他平时却为人爽朗。另外，虽然由我说出来不太合适，但馆长很多时候都特别可爱。

"惠子，笑一笑。"

我在遇见馆长之前是一个话很少的人。除开家人和朋友之外，我和别人说话的时候，胸口就会变得难受，还会莫名其妙地出汗。也许是因为我一直都把自己禁锢在自我的躯壳里，有点患上所谓的"对人恐惧症"吧。

我刚去真斗拳馆后没过多久的一次练习中，馆长对我说："惠子，你要变得更积极、更开朗一点。"

"我经常听错别人说的话，也不好意思让对方再说一遍，所以总是主动回避。"我对馆长说。

"对不起！我刚才没有听清楚，麻烦再说一遍。你这么说就行。"馆长说。

"惠子，笑一笑。笑容很重要哦。"

我总是面无表情，也完全不笑。并不是因为在拳馆才这样。在公司的四年里我也从来没笑过。馆长的那句话让我第一次意识到了这点。

"这样啊……笑容是关键啊。"

从那时起，虽然变化很微小也很缓慢，但在拳馆和公司里，我的脸上逐渐开始有了笑容。

哪怕我在拳馆不是故意想笑，馆长、教练和其他学员都会随意地找我聊天，我的脸上自然而然就会浮现出笑容。

做对抗练习的时候，小林教练和舟木经理如果察觉到我没有看懂指导员给出的提示，为了进入我的视线，就会不断地在拳台边走动，给我提示。为了向我传达拳击术语，他们甚至发明了原创手语。

多亏了拳馆的大家对我的用心，我才逐渐融入这里，接受职业选手认证考试，达到合格，第一次站在后乐园大厅的拳台上参加表演赛。接着，终于迎来了作为职业选手的首场比赛。

现在往回看自己走过的路，有太多太多的难以置信。

"看来会有好事发生，也许能赢"

2010年7月26日，首战开赛的前一天。

称重结束后，我回到家。到家后没过多久，从土耳其回国的妹妹圣子也来了。

圣子从女子美术大学毕业后，在聋人学校当了几年美术老师，一年前结了婚。今年5月，她在丈夫的土耳其老家生下了一个男孩。这次是母子两人第一次回乡探亲，也是我和侄子的第一次相见。

侄子的名字叫"寅太郎"。

听说是为了致敬山田寅次郎这位历史人物，他在明治时代为日本和土耳其两国的友谊作出了很大贡献，在土耳其是位家喻户晓的日本人。

圣子把寅太郎递给我抱。小宝宝温暖而柔软的身体散发着混合着奶香和汗液的独特气味。刚出生不久的婴儿躺在我的怀里，让我感到很幸运。

妹妹用手语对我说：

"明天看来会有好事发生，也许能赢。"

妹妹的嘴角展露出微笑。不知道是不是在模仿妈妈的脸，寅太郎也跟着笑了。

走出家门后，我越来越紧张

比赛当天，早上我起得比往常要晚。

外面的天气闷热非常。虽然可能出去做一些低强度运动会更好，但天气实在太过炎热，没准反而弄得身体更加疲惫。我想了想，决定待在家里做拉伸运动。

下午4点，我和馆长、教练在后乐园大厅汇合。直到出门之前，我都望着刚见面没多久的侄子发呆。侄子白净的肤色多半是妹妹的遗传，看上去显得慵懒的性格，实际上很要强。这一点可能也是妹妹的遗传。小卷毛大概是遗传自父亲吧。因为我是个自然卷，所以看到侄子的卷发感觉很亲切。真是惹人怜爱。

我把手指伸出去给寅太郎握住。小宝宝的可爱治愈了我内心的紧张，白天在放松的状态下过去了。

但是一走出家门，紧张感再次朝我袭卷而来。在电车里我听见自己的心在扑通扑通地跳。

到达后乐园大厅后，我看到NHK的摄影师已经在现场架好了摄像机等待。现场一直在拍摄，我理应更加专注。表面上我佯装镇定，但实际心里紧张得完全笑不出来。

表演赛的时候我是和男子选手共用一间休息室，但这次比赛为女子选手准备了专用休息室。房间非常宽敞，可以在里面做空击和手靶练习。我立即开始了热身运动。一旁的摄像机再次运转起来，但我已经无暇在意了。我的头脑里全都是两小时后即将开始的比赛。

我的对战选手，村濑生惠，身高167厘米。比我足足高出15厘米。比赛开始前，馆长有些担心地问我："和体型比你大的选手，能打吗？"

我回答道："以前我参加业余选手的对抗练习大赛和踢拳道的比赛，遇到的都是比我高的选手。我习惯了。"

之后，馆长教给我很多面对体型大的对手时可以采取的对战方法。一直以来，我脑子里只能联想到"尽快结束比赛"这一策略，而听着馆长的指导，我深感自己作为拳击手还有很多稚嫩的地方。我讨厌和对方战斗到第四回合，因为我觉得那样非常消耗体力。

馆长和教练会如何设想我站在拳台上和对手战斗的状态呢？

他们比我更担心我的状态吧。印象中，别的学员在练习的时候，很少听他们喊出"加油！"这样的激励。我想，在我看不见的地方，对于今天的比赛，他们一定替我担心了很多。

对手会对我发起怎样的进攻？我应该怎么出击？做热身运动时，我在脑海中浮想联翩。就像馆长说的，对方比我高，防守严密，一定不会让我轻而易举地击中要害。

"干脆一鼓作气地发起进攻！"

此时，我在心里决定了今天的战术。

用刺拳把对手逼到拳台边缘，然后连续击打，总之用连续击打策略打垮她。这也是馆长教给我的战术。如果对方挺身应战，我有信心打赢。一切顺利的话有可能挺到裁判员叫停的时候。

穿过围绳，世界回归寂静

马上就到我出场了。我做了好几次深呼吸。

通往会场的大门打开，一瞬间数不清的观众进入了我的视野。

"他们都在看我！"

和之前表演赛的时候一样，我感觉自己脚底发软。在穿过观众席走上拳台的整个过程中，我感受到的都是前所未有的恐惧。

"可能我会在台上被揍得鼻青脸肿。"

"观众没准乐意看到我挨打。"

我满脑子上演的都是最坏的情况。当我一步一步踏上通往拳台的台阶，脑中却控制不住地联想自己被送上绞刑架的情形。

但是，乱七八糟的心理活动到此为止。

穿过拳台围绳的瞬间，我的世界重新回归寂静。

我走到拳台中央，隔着裁判员，和对手面对面站立。裁判员的嘴在动，虽然我听不见，但很快明白了裁判员说了什么提醒。

回到我的角落后，担任比赛指导员的小林教练告诉我：

"第一回合，扑上去猛攻。"

比赛开始的锣声响起。

对没有戴助听器的我来说，真的听见锣声了吗？我感觉自己微微地听到了，可能是我的错觉。我看着裁判员，等待他发话。裁判员的嘴张开了。是比赛开始的信号。我看向对手的眼睛，此时已变成战斗状态。

一瞬间，我按照刚才指导员的指示，朝着对方猛冲过去。在平时的对抗练习里，对战开始后选手会先观察对手的样子，呼吸、表情，现在我没有时间做这些。拥有长臂展的对手朝我挥出一记刺拳，我瞬时把身体重心降低，对准对方的胸口出击。这时裁判员马上叫停。我的头朝前伸出太多，遭到了裁判员提醒。

"坏了。"

我试着改变动作。这次晃动上半身，提高防守位置，向前进攻。刺拳、右手直拳、刺拳、右手直拳。接着，我用左手接住对方打出的刺拳，右手对准她的左脸打出一记勾拳。

"好痛！"

我看到对手的唇部动作好像在这么说。机会来了。我紧接着发出猛攻。如今已经不记得自己出了什么拳，总之是一股脑地疯狂出击。

裁判员插到我们中间来，把我们分开了。他左手扶着对手，挥动右手。当我明白这是宣告比赛结束的动作时，顿时感到全身发麻。

我在心里大喊了一声："耶！"

站上拳台的喜悦

第一回合用时54秒。我由裁判员叫停而获得了

TKO[1]胜利。我是靠着馆长教的刺拳、右直拳攻击而取得的胜利，我为此感到非常开心。

不知道是不是因为太激动了，结束后我依然感觉全身发麻。我有些精神恍惚地走下拳台。这时，一捧美丽的大花束突然被递到了我的面前。原来是以前我去的空手道场的前辈送的。就当我向这位前辈表达感谢的当口，又一束花被递了过来。看到花束主人的脸，我大吃一惊。是有十五年没见的表妹。表妹满脸洋溢着笑容，用手语对我说：

"好久不见，恭喜你！"

十五年前她还是个小孩子，现在已经成了个大人，而且还学会了手语……我很受触动，突然一下子哭了。

我哭着走过选手和内部人员的专用通道，去接受赛后的医生检查。

在负责给我检查的医生面前，舟木经理带着吐槽的语气对我说：

[1] TKO也即技术性击倒（technical knockout），指裁判或医生判定该名选手无法再继续比赛，或是选手本身、选手教练决定放弃比赛，即使该名选手并未被打倒在地或是倒地尚未经过规定时间。

"你是喜极而泣，对吧？"

他的脸上也浮现着笑容。

回到休息室后，三好老师第一个上前来迎接我。他之前向电视台的人介绍了我和馆长的故事，今天特意来为我加油。

我往右边一看，真斗拳馆的大家都在为我热烈地鼓掌。在一行人的中间，馆长坐在折叠的塑料椅子上，手里拿着白色的拐杖。

我拉着馆长的手，对他说了哪怕今天我输了也一定要告诉他的话。

"比起赢得这场比赛，能够站上拳台，对我而言才是最开心的事。谢谢您。"

我想当时我说话的声音一定很小。但馆长应该听到了。他严肃地点了点头，随后张开嘴，一字一句地对我说：

"这是你努力的结果。"

兼顾拳击和工作

比赛结束后的第二天，我到公司后大家都对我说"恭喜""你真厉害"。有几位同事还不顾繁忙的工作，抽空到现场为我加了油。

我上班的GC公司业务范围涵盖牙科医疗的相关材料、器具的研发、制造和销售，范围很广。听说GC公司的产品销售到全世界一百多个国家。公司积极雇佣身体障碍者，除我之外还有别的同事也患有听力障碍。

我负责制作植牙和氧化锆牙冠。我最开始工作的实验室几乎都采用手工制作方法，但是GC主要运用电脑最新技术来制作。先扫描模型，然后再使用机器把钛和氧化锆削成电脑指定的形状，再由人来做最后的调整。

除了最多的制作工作，偶尔也会有寄送货物和填写发票等行政工作。极少数需要参加会议的时候，同事会帮忙当我的翻译，把开会内容笔录下来。

经常有人对我说"你要兼顾拳击和工作，很不容易吧"。我倒是没有感觉到有多么难。反而这样自己可以通过晚上的拳击训练把白天一直坐在工位上积累的疲惫全部发散出来。如果我没有通过拳击这种方式活动身体，或许这份工作也不会坚持到现在。

在公司，我的同事们人都很好。但其实在去真斗拳馆训练之前，我在公司几乎不说话。我也从未尝试去接触公司的同事们。

"惠子，笑一笑。笑容很重要哦。"

受到馆长的鼓励，我在公司也开始有意识地展露笑容。可能是因为笑容的力量吧，同事也变得比之前更爱找我说话。自从我参加了第一场专业拳击手的比赛之后，就变得更加主动地和人说话。过去四年的时间里，我是个沉默寡言、脸色阴沉的人，现在我能很自然地和同事们聊天。有时候我自己都对这样的变化感到吃惊。

"胜败必有时"

首战结束后过了两天，我回到了真斗拳馆。

我想稍微让自己的身体休息一下，所以回来后没有做训练，而是观看比赛的录像，和大家一起进行了一场检讨会。

"左右连击打得很好，惠子你在这里选择了冲刺进攻。"

馆长在夸奖我的表现。然而，他看着我高兴的样子，语气一转，凝重地说："首战虽然轻松得胜，但下一场比赛可能会很吃力。"

听到馆长这句话，小林教练也附和道："惠子也会有被打倒的时候。"

"我也是这么想的。"我说。

不论是业余选手的对抗大赛，还是踢拳道、空手道的比赛，我都没有输过。然而这一天迟早会来。对此，我自己心里早有觉悟。

还有一点就是，我自己没有坚持完四回合的比赛经验。首战的时候，比赛开始后过了54秒就结束了。时间太短了，我甚至都没有拳击比赛的感觉。

在对抗练习中，我带着头盔和14盎司[1]的大拳套。

---

[1]　1盎司约等于28.3克。

拳套的大小改变了拳头带来的冲击。如果正面挨上对手包裹在8盎司拳套中挥过来的拳头，到底会有多痛呢？这对我而言还是未知的世界。

跌倒又爬起的日子

第二战快速敲定

当首战告捷的喜悦和比赛结束的如释重负之感逐渐褪去后，面对下一场比赛我所感到的不安却愈发强烈。恰好在这时候，我的第二场比赛敲定了。

9月22日，在后乐园大厅将举行一场真斗拳馆的表演，而我的比赛也包含在里面。第二场比赛的日期在首战过后差不多两个月的时间。对于女子拳击手来说，能在这么短的时间内敲定第二场比赛实属幸运。

女子选手的比赛直到2007年的11月才被正式纳入职业拳击比赛的范畴。在此之前虽然也定期举办女子职业拳击比赛，但是它并未得到总管日本国内职业选手比赛的日本拳击委员会（JBC）的认可。

2008年2月，首次女子职业拳击选手的认证考试举办，同年5月举行了第一届女子拳击大赛。

那段时期我因为手腕负伤而放弃了拳击，转向参加踢拳道和空手道的比赛。职业认证考试报考的年龄上限本来是三十二岁，但考虑到在这之前有未得到认可的职业选手，如果有实战成绩，三十三岁以上的选手也能参加职业认证考试。

"如果是女孩子的话，条件会宽松一些，你也许能参加业余拳击选手的比赛。"

我之前去的那家拳馆的馆长曾经这么对我说过，但现实却没有那么美好。

"如果我连业余选手比赛都不能参加，那职业比赛绝对没有希望。"

我曾一度断定自己没有未来，也是在那时，我放弃了拳击。

现在，男子选手的比赛中会加入一到两场女子比赛，也有专门的女子选手大赛。而且，已经有五位女子选手成为世界冠军。我和其中的几位在对抗练习中交过手，那真的是非常宝贵的经验。虽然我的实力还不够，但我很开心能够和世界冠军选手一起成为女子职业拳击手的一员。我为此感到精神振奋。

传闻现在女子拳击比赛面临的最大问题就是选手不足。

听说男子职业拳击选手有将近三千名。相比起来，女子选手大概只有一百名。如果排除只取得资格证书却不参加比赛的人，那就更少。

这些人再被分入比赛的不同量级，因此很难找到比赛对手。女子选手中，50公斤前后量级的选手比较多，如果是我所在的52—53公斤量级，或者之上的量级，就很难找到比赛对手。我听说甚至有比赛空窗期半年以上的选手。

在第二场比赛决定之前，馆长和舟木经理一定在替我到处打听吧。所以，作为当事人的我更不能展露自己的担心和不安。

尽管身心俱疲

比赛定下来的几天后，馆里的告示板上贴出了一张文字处理机打出来的纸，是拳击大会的比赛安排表。在我的比赛对手那里，写着"半谷美里　山本拳馆"。

"半谷美里，山本拳馆……啊！"

我想起来，半谷选手是首战四个月前，我去山本拳馆做训练时的对抗练习对手。当时，对方优秀的耐力给我留下了印象。

"这次不能用首战那样的方法了。"

显而易见，不能再用上次的战术。我和半谷选手做过对抗练习，她了解我的比赛风格和出拳方式，一定会仔细研究。如果这样的话，很难在第一回合就结束比赛。既然如此，那就打完四回合。我必须把自己的耐力锻炼到和对手不相上下。

在这之前，我在对抗练习的第二回合就会累得半死不活。馆长和教练说了我很多次，"你是因为用力过猛，才会那么累"。虽然我努力按照他们说的去尝试放松身体，但是在躲避对手攻击的时候，或者在抬起手臂进行防卫的时候，我依然会用力过猛。

为了能顺利地打完四回合，我将练习的重点放在了全力击打沙袋以及大量的空击练习上。

在这一次的训练中，我没有负伤。连日的炎热天气让我的体重一直下滑，也不需要担心减重的问题。第二次比赛前期的准备工作进展得很顺利。只有一点，我开始担心身体累积的疲劳负荷。踢拳道和职业拳击比赛，表演赛，首战，这一路我都勇往直前，很少有静下来的时间。我感到身心疲惫。

不过对下一场比赛，我仍然是乐观的。

这是我比赛对手的首战，而且她的年纪才二十三岁。论格斗技经验，我是她前辈。正因为我们在对抗练习中交过手，所以我大概知道对方的动作是什么样子。

"这次也是小菜一碟。"

我心中不免大意起来。

2010年9月22日，在后乐园大厅进行第二战

我的脸，现在是什么样子？

9月22日，后乐园大厅。

这一天一共安排了六场比赛。主场比赛是男子选手的日本次中量级冠军争夺赛。我的比赛在第二场，是当天六场比赛中唯一的女子选手赛。

我踏上了第二场比赛的拳台。虽然这次也很紧张，但是比首战时要稍微放松了一些。

53公斤量级的四回合对战开始。

我从比赛刚开始就接连不断地出拳。虽然在我的预想中，这是一场持久战，但一旦对手出现在眼前，我还是习惯性地铆足劲，以进攻来应战。

也不知道是第几发，我的拳头重重地砸在了对手的脸上。但是半谷选手没有丝毫胆怯，反而气势汹汹地朝我进攻。就在我被她的气势所震慑的一瞬间，我的左眼吃了一记狠狠的右直拳。

"好痛！"

虽然这一拳不至于让我头脑一片空白、眼冒金星，但是真的好痛。

我还是业余选手的时候，打拳都是戴着头盔的，从来没有挨过这么重的拳头。参加踢拳道的全国大赛时，虽说没有戴头盔，但手上戴着很大的拳套，比起拳击比赛来说，脸上挨打的情况很少。

在职业拳击的比赛上，我头一次尝到了被打的疼痛。

突然的一击让我眼前产生了轻微的重影。脸颊和鼻子肿得越来越大。耳朵里传来拳套刺耳的摩擦声，每出一拳都感觉火辣辣的。但我们依然在互相攻击。

在没有声音的寂静中斗殴，那种感觉就像一对一的决斗。

对手的脸也眼看着肿胀到变形，那样子让我忽然慌张起来。

"我的脸，现在是什么样子？"

我好害怕。

裁判插到我们两个人的中间，宣告第一回合结束。

回到拳台的角落，我连看都不想看我的指导员，也不想听他说话。第一次体验到的疼痛和对手肿胀的脸让我受到了很大的震动，我完全丧失了战斗的意志。

"我想弃权。"

想要获胜的心情，一点也没有了。

几近夭折的信念

第二回合的进展和刚才完全一样。虽然我感觉对方的节奏有稍微变慢，但只要我出拳，她一定会回击过来，没有丝毫怯场。而在我的内心，战术连着其他的一切早就灰飞烟灭了。

第三回合。脸上挨打的地方开始发麻，丧失了感觉。

我干脆破罐子破摔，朝对方打出一击右直重拳。半谷选手躲过去了，而我的身体却因此失去了平衡。我的疏忽被对手看穿，被按在围绳处，遭到连续殴打。我，被逼到了死角。

"真烦人。我好想放弃。"

无法集中注意力的大脑开始思考无关紧要的事情。

但我的身体却在躲避对手的拳头，坚持着进攻。我感觉自己的脑袋和身体分离了。

这样下去裁判员会上来加以制止吧。就在我想要放弃的瞬间，裁判员给出了回合结束的手势。

"哎，这场要输了。"

我这么想着，再次回到拳台上自己的角落，小林教练用严肃的目光看着我。

"别认输！"

说罢，他又是敲打又是摇晃我的肩膀，让我振作起来。舟木经理也扯着我的头发，把我低埋着的脑袋提起来，为我加油。

最后的第四回合。虽然我几乎没剩什么力气了，但一想到小林教练的鼓励，我又重新调整了自己的心态："都坚持到这里了，我绝不认输。"在随后对打的过程中数次奋力出击，打中了几拳。即便如此，半谷选手直到最后也没有丝毫胆怯，她的胆量惊人。

当我看到裁判员比出结束的手势，一瞬间全身的力气都蒸发了。不是因为我的身体太累，而是我早已耗尽了所有的精力。

我头朝下，一动不动地站在角落里，等待着裁判给出评分。这个时候我已经在心里对自己说：

"别当什么职业选手了。反正你也赢不了。"

几秒后，担任这场比赛指导员的舟木经理来到我的身后，拿手戳了一下我的脑袋，比划着对我说："去裁判员那儿。"我才知道自己赢了比赛。

得知自己获胜，与其说是高兴，我更多是松了一口气的感觉。心中丝毫没有之前首战获胜时所体会到的那种痛快和感激。

"离开拳击吧。"母亲对我说

我的第二场比赛以评审判定2比0的成绩落下帷幕。两名评审员给出39比38的比分，支持我获胜，剩下的一名评审给出的判断是38比38的平局。

虽然只是差之毫厘，但我很开心赢得了比赛。这一次我的耐力坚持到了四回合结束，我认为自己的表现是合格的。然而，几天后当我看到镜子中的自己，真的备受打击。两眼周围全是淤青。"挨了这么多揍。真差劲。"

直到淤青消失，我都一直戴着墨镜。它们不是争夺名誉留下的伤痕，而是我能力不足的证明。

第二场比赛结束后，我接受了几家杂志和报纸的采访。

在这些媒体的采访中，我一定会被问到这样的问题：

"今后的目标是什么？"

看到我没有立刻回答，采访者便会顺理成章地接着问道：

"是冠军吗？"

夺冠……对职业拳击手来说，是理所应当的吗？但是这个答案，我没法轻而易举地说出口……

周围人的期待让我感觉到压力，我再一次感受到作为职业拳击手所要面对的严峻挑战。我记得以前作为业余选手参加比赛的时候，在候场室看见其他等待的选手都一副放松的神态。他们肯定在心里和压力对抗吧。他们是不是故意把压力藏匿在表面之下，简直就像专业演员一样，扮演着"职业拳击手"这个角色。

我做不到像他们那样坦然自若。在比赛过程中好几次都产生过"我想弃权""我不想打了"的软弱想法。我这样畏手畏脚的人没有当职业选手的资格。

"疼痛"也让我很苦恼。

我是个极度怕痛的人。光是视觉上传达出的痛感都能让我产生晕眩或者呕吐的生理反应。

我怕痛和我听不见没有任何的关系。当我的脑袋挨上重重一击，拳头的冲击会通过骨头回荡在我的身体里，我想那就是我所感受到的声音吧。好比听人里也同时存在对疼痛忍耐度高和弱的人，我只不过是忍耐度很低而已。也许一部分原因是小时候母亲总爱敲我的头，给我留下了心理阴影。

第二场比赛中对手的拳头带给我的痛苦，让我完全对自己失去了信心。

而母亲的一句话，更加剧了我的软弱。

第二场比赛结束后，我看了母亲在拳台旁边用数码相机拍下的照片。但是，照片里只有观众席和地板，而且拍的时候晃得厉害，几乎什么也没拍下来。

　　对母亲来说，这次比赛也许太过激烈了。透过晃动的照片，我感受到母亲按下快门时的恐惧。我的心突然很痛。等我看完照片后，母亲对我说：

　　"离开拳击吧。"

　　突然，我的心里产生了一阵剧烈的动摇。

没有斗志的人无法站上拳台

　　比赛结束后过了一个星期，我重新开始了训练。

　　大概是在做击靶练习的时候，馆长反复向我提起"之前你的比赛……""下次的比赛……"。

　　又是比赛、比赛、比赛，明明我一秒都不愿去想比赛的事。我觉得很烦。终于我再也无法忍受下去了，于是找到馆长，对他说：

　　"我想退出。"

　　"退出？什么意思？"

　　"我不想比赛了。我父母叫我别打拳击了。"

馆长脸上露出了略显惊讶的表情，问道："你之前说想成为职业选手。为什么要退出？你变得讨厌拳击了吗？"

面对馆长的疑问，我坦白道：

"我讨厌挨打。"

从第二天开始，小林教练和舟木经理开始仔细地教我防御的技术。他们一定是从馆长那里听说了昨天发生的事情。

虽然我很感激馆里的大家为我着想，但我想退出的心情丝毫没有被动摇。我这个人一旦自己做了决定，就不会听旁人的话。我固执的性格倒是我从小就想纠正，却一直无能为力的地方。

"我不想比赛。""为什么？""我做不到。"

这样来来回回的对话持续了好几天。

这期间我每天都去拳馆练习。我虽然表明了退出的决心，却没有做决断的勇气。带着一颗浮躁的心去训练，我很难进入状态，只是一味地在馆里等待时间流逝，对抗练习也做得不情不愿。就连经理好不容易给我安排了去别的拳馆做练习，我也取消了好几次。

大概又过了一个月，有一天我和往常一样没精打采地做着热身运动，馆长来到了我的旁边。

"惠子，你可以退出。拳击这项运动，没有斗志是不行的。如果丧失了斗志，继续下去就很危险。没必要勉强自己。"

说这些话的时候，馆长并没有生气。他语气温柔，而我的心却在动摇，不知道该如何回应。

"我知道了……"

我用尽全力，却只能挤出这四个字。

回到家后，我一个人思考了很长时间。

"要放弃很简单。可是我成为今天的我，不只是靠我一个人的努力。馆长和拳馆的其他人不断鼓励我，给予我希望，我才能走到今天。我真的能轻易地扔掉这一切吗？"

我头一次后悔自己对馆长说出了"退出"两个字。

第二战结束后，正与舟木肇经理（右）说话的作者

颤抖的脚和前进的脚

第二天，经过一夜的反复思考，我决定放下。

不是放下拳击，而是放下"想退出"和"做不到"的想法。

只要我没有忘记对馆长和拳馆各位的感谢，我就还能继续努力。我终于想明白了。

抬起手腕保护脸部不受攻击的阻挡技巧、利用拳套把对方的拳头拨开的拨挡动作、将脸部顺着对手拳头进攻的方向转动来躲闪的避拳技巧、上下伸缩上半身来躲避拳头的下潜闪身，还有同样用来躲避攻击，将上半身上下左右摆动的摇闪……现在我开始认真地听舟木经理和小林教练教导我防御战术，并反复练习。

我拜托馆里帮我安排了很多外出训练，和其他拳馆的不同类型的选手做对抗练习。要是我恐惧比赛的话，那就反复进行实战，直到习惯自身的恐惧。

没过多久，在做热身运动的时候馆长又走到我身边，对我说：

"惠子，你告诉我想退出的时候，你的身体在颤抖。

下一步是迈出颤抖的脚，还是迈出前进的脚，取决于你的心。如果颤抖的脚的力量更强大，你退出拳击就是了。我不能强行让你往前走。你明白吗，惠子。"

"明白。"

听见我的回答，馆长接着说：

"每一个人都同时拥有强大和软弱、颤抖的脚和前进的脚。不只是你，所有人都是。心是随时都可能改变的，所以，才叫作心。你明白吗，惠子。"

第三战近在眼前

现在是2011年的春天。如今的我依然在真斗拳馆训练，为下一场比赛作准备。我的第三战很快就要确定了。

"惠子，你的身体终于开始放松了。"

最近我被馆长这么说的次数变多了。

放松身体。这是我刚到真斗拳馆的时候，馆长教我的第一件事。

刚加入这里的时候，我体内到处都积压着一股力量。肩膀、背部都处于紧绷状态，出拳的速度也很慢。正因为用力过猛，所以会浪费自己的耐力。做对抗练习的时候，光是第一回合就让我精疲力竭了。身体放松后，出拳也变得更快，也不会觉得疲惫。我终于掌握了放松身体的秘诀。

我刚来馆里的时候，馆长说过"拳击可不是女生能打的"。

但是当第二场比赛结束后，馆长听我抱怨道"女性天生没有战斗的本能，所以不适合练拳击和格斗技，再努力也没法变得像男人那样"时，他却说出了不一样的话。

现在，如果他发现我稍微有点懒散，就会朝我大声喊：

"别因为你是个女的就放过自己！"

馆长的警钟让我重新燃起斗志。

最开始我不过是抱着想要运动身体，只要是格斗技什么都行的想法才开始学习拳击。十年过去了，这期间我曾经痴迷于拳击，也曾对这门运动的规则感到愤怒和失望，也曾一度离开过它。

颤抖的脚和前进的脚。强大和软弱。就像馆长说的，心在不断变化，但我依然坚持拳击。

现在我好像终于有点懂拳击了，所以我不能停止。

我想这个世界上一定还有许许多多的身体残障人士，想开始某项运动却无法开始，想成为医生或者警察却无法实现，因为无法企及而感到失落。如果我的经历能够让他们感到哪怕是微小的鼓励，我也会很开心。

这两个月，大宫聋人学校邀请我去做演讲。我觉得自己没有资格称得上是演讲者，在学校，我给高中部的学生们分享了自己的经历。当天最激动的时刻是我教同学们拳击基础的时候。

"以前拳击给我的印象很吓人，但真正试着打过空击之后，我觉得很有趣。"

看到学生留下这样的感想，我真的很高兴。

"以后要是能做一名教练就好了。"

我心里萌生出这样一个模糊的梦想。面对听力障碍者，我可以用手语进行教学。如果我的学生中出现想要成为职业选手的人，那就太完美了。

我后来才知道，馆长对我的第一印象是"蝉"。

"蝉有七年的时间一直埋在地面之下，等待外面世界的光明。惠子你有很长一段时间都在痛苦和挣扎之中寻求着光明吧。"

馆长说得很对。在遇见真斗拳馆之前，我一直蜷缩在"听不见"的躯壳里面。也许更应该说，当时的我拒绝看向外面的世界。

现在我的心态发生了180度大转弯。

我看见同样有身体障碍的馆长保持着乐观的心态不懈努力，他给我了勇气。和馆长的相遇，改变了我的人生。

过去把自己深埋于地表之下的我，非常固执，对旁人的意见置若罔闻。

原来身边的人在用他们的光亮照射我，可我却选择了背对他们。写这本书的时候，我才看清楚曾经的自己。

尾声

    当初我从众多体育运动中选择学习拳击还有一个理由，那就是我不擅长团队形式的体育运动。

    但来到真斗拳馆后，我明白了没有任何运动是一个人就可以完成的。在这里我明白了，如果没有周围的人的支持，是打不了拳击的。残障人士也好，健全人也好，我想都一样。

    在真斗拳馆，以佐佐木隆雄馆长为中心，小林亮一主教练、舟木肇经理、向麻纪教练……大家都非常耐心而仔细地，从最基础开始教我。正因为遇见了这些无比热心的教练，我才能成为职业选手。

    现在我每一天都全身心地感受到作为一名职业拳击手参加比赛的喜悦。职业比赛的训练很艰苦，减重也很困难，还会经常负伤，但拳馆的各位一直都支持着我，鼓励着我。这就是"伙伴"吧。好像人生中头一回，我觉得自己拥有了"伙伴"。

真斗拳馆带给我的宝贵财富不仅只是职业资格证书。

在最近的距离默默注视着我的父母，他们是我人生中无可替代的存在。这也是成为职业拳击选手之后，我才明白的道理之一。

在取得职业资格以前，我从来没有和父亲说过任何与拳击有关的话题。在创作这本书的过程中，我才得知原来父亲也和别人一样，曾有过"老大不小了还做这种事""不能找点更像女生做的事吗"的想法。

可是在我职业赛首战的时候，最为我的胜利高兴的人也是父亲。之后，父亲第一次告诉我他以前在埼玉县上福冈市的一家拳馆学习过拳击。我希望以后有越来越多的机会，可以和父亲聊有关拳击的事情。

这本书还促成了令人意外的再会，让我特别开心。

前几天，我去拜访了久未联系的中学时代的恩师和田幸子老师。上中学的时候，我成了逃课生，每天不去教室上课，而是躲在和田老师工作的语言学习教室。

正当我和和田老师聊往事聊得兴起的时候，她对我说：

"高桥老师今年寄给我的贺年卡里写了你的事情。高桥老师这么写的：'（小笠原同学）上了报纸。看到她不断地努力，我真高兴。'"

高桥香老师是我初三的班主任。当时，因为班上发生的一些事情，我开始无视老师的存在。一直到初中毕业，我几乎都没怎么和高桥老师讲过话。"高桥老师怎么会在贺年卡里提到我？"

吃惊的同时，我心里并不想回忆起苦闷的过去。

虽说如此，见完和田老师之后，我怎么也无法放下关于高桥老师的思绪。原因是和田老师说的一句话。

"高桥老师一直惦记着你的事情。"

我曾经拒绝了高桥老师的心意，这一事实再一次搅乱了我的内心。

第二天早上，我把这件事告诉了妹妹圣子。圣子过去也做过老师，她对我说了这样的话：

"对于问题儿童或者身体有障碍的学生，明确表示

'会对他们负责'的老师才会成为这些学生的班主任。"

原来如此……老师在成为我的班主任之前就已经许下了承诺。可顽固不化的我却示以拒绝。高桥老师一定为此感到痛苦吧。我对不起她。毕业十五年后，我第一次对老师萌生出深深的歉意。当天，我给和田老师发了一封邮件。

"我想邀请高桥老师来看我的下一场比赛。请您转告她。"

最近我的第三场比赛定下来了。2011年6月7日，地点在后乐园大厅。对战选手是好战型的斗士，一位劲敌。

和田老师和高桥老师都会前来观看我的比赛。中学时代我给老师们制造了很多麻烦，而我希望通过拳台上的战斗，让他们看到我不同于过去的奋斗模样。

以前的我性格执拗，不听别人的意见。身边的人用他们的光亮照射我，可我却选择背对众人。终于，现在我站在了阳光的一侧，我想重新发现过去不曾看见的事物，听见过去不曾听见的声音。我打心底里这么想。

最后，要衷心感谢日本拳击委员会、东日本拳击协会，以及裁判、评审员、医生等比赛相关的工作人员给予我机会，让我作为职业选手站上拳台。

还要感谢提出本书出版计划的创出版社的筱田博之先生、编排本书结构的撰稿人藤村幸代女士、提供拍摄的摄影师杉博文先生。谢谢你们的帮助。

就算成年之后，我的性格里也一直存在着扭曲的部分，我对自己不健全的身体感到不满，是真斗拳馆的佐佐木馆长拯救了陷入痛苦无法自拔的我。虽然我已经是社会上所说的中年妇女，但是遇见佐佐木馆长之后，他让我找回了童心，让我重拾了坦诚的精神。我对他表示由衷的感谢。

我希望有一天自己也能成为像馆长那样温柔又强大的存在。

Special Part

特別篇

恵子へ『負けないで！』をめぐる人々

《致惠子——别认输，背后的人们》

惠子へ——

在真斗拳馆，作者正在接受佐佐木馆长的指导

得知孩子有听力障碍时，简直如晴天霹雳

—— 父母·父亲广久、母亲喜代美

听不见所带来的震惊

问：我听说惠子刚出生时，是体重4.05千克的过熟婴儿[1]。

母　亲：她刚生下来的时候身体上有些地方皮肤都裂开了，可怜得很。我出血也很严重，整个人动不了，在分娩台上躺了一天。虽然整个分娩过程两个小时就结束了，但是真的很辛苦。

父　亲：惠子三岁的时候我们得知她耳朵听不见。我记得妈妈从医院回来的时候满脸通红，脸上带着

---

[1] 过熟婴儿，又称过期产儿，指妊娠期超过42周（≥294天）出生的新生儿。

难以置信的表情。我对这件事情的感受也是巨大的震惊，除此之外没有别的。觉得未来一下子暗淡了下来。孩子长大了该怎么办呢。

母　亲：不过，我们夫妻两个人之间好像没怎么谈过这件事。

父　亲：比起担心她的未来，我们首先要尽全力照顾好眼前的惠子。特别是妈妈，不顾一切地抚养女儿。

母　亲：我的心态不是说鼓起一百二十分的干劲，发誓接下来要努力养育惠子，我只是让自己接受现状。当初在帝京医院参加语言学习认识的各位，成了我的支柱。我在那里遇见了其他患有听力障碍的孩子和他们的父母。看到这些孩子的母亲很用心地照顾着他们，我就想"坚持下去的话也会和她们一样"。有很多家长是我的榜样，所以我并没有非常失落。

问：关于养育孩子，两位之间有没有产生过意见分歧呢？

父　亲：我们经常会讨论是不是对惠子太严苛了。妈妈经常说我"行了，你别太苛刻了"。

母　亲：为了她能适应今后的人生，有的时候我们会有
　　　　意对她严苛要求。现在回想起来，当时我俩的
　　　　做法有感情用事的成分，这是需要深刻反省的
　　　　地方。从某种意义上来说，我能明白父母虐待
　　　　儿童的心理。如果父母的精神状态不稳定，就
　　　　很容易把情绪施加在弱势的孩子身上。

父　亲：尤其是对丈夫的怨恨，有的人会转向孩子，把
　　　　他们当作泄恨工具（苦笑）。

母　亲：以前还有过下意识地举起手想打她的时候，虽
　　　　然理智知道不能打。我们的第二个孩子听力比
　　　　惠子还要差，后来我的精力都放在了照顾小的
　　　　那个身上。那个时候惠子一定觉得很孤单吧。
　　　　如果现在我遭到报复，那也是没办法的事。

惠子能量大爆炸的青春期

问：惠子曾有过把不满发泄在妹妹圣子身上的时期?

母　亲：有的。我觉得因为我总是在照顾妹妹，某种程度上惠子出现这样的反应是可以理解的。爸爸教育过惠子，姐姐打妹妹是不对的。

父　亲：我告诉惠子"不要攻击妹妹"，结果她开始砸墙壁，把墙壁都砸凹了。上中学后，进入青春期那段时间，她就更管不住了。我自己事业上的失败也或多或少诱导了她的叛逆行为。

母　亲：那段时间我们家里一团糟。我和爸爸两个人也经常吵架。现在才觉得还好两个孩子都听不见（苦笑）。要是她们听见我们吵架，惠子没准会更叛逆。

父　亲：就算这样，惠子当时整个人的感觉还是非常吓人。我以前通常都站在安抚情绪的一方，可是连我有时候都会控制不住地举起手，通过武力去制止她，用拳头。我知道我对她做了很过分的事，可当时惠子的状态，如果用通常的劝阻方法，她是听不进去的。那段时间她胆子特别大，怎么骂她打她都不害怕。今天我们必须要感谢拳击。学习拳击后，那个孩子体内庞大的

174

能量才得到了释放。

问：听说惠子读中学的那段时期对自己听力下降感到很苦恼，感觉自己不能和身边的人交流。

母　亲：惠子过去经常对我俩说："你们顺序弄反了。
　　　　应该先送我去聋人学校，再去普通的学校。"
　　　　可能是她看到妹妹从幼稚园开始上的就是聋人
　　　　学校。惠子的右耳多多少少能听见一些声音，
　　　　所以当时我们觉得她去普通的学校也能读下
　　　　去，就把她送去了。现在的我很难说当时的决
　　　　定是对还是错。当时的我不知道该怎么办，但
　　　　我们一定让她经历了很孤独的时刻。

问：二位一开始有让惠子去聋人学校的打算吗？在那里，一开始就能用手语和周围进行无障碍交流。

母　亲：我说不好。尽管我本人也在特别支援学校工
　　　　作，在专家之间也有不同的意见。惠子从开始
　　　　学语言的阶段就在学习日语，之后再学习手
　　　　语。我认为如果不是这样的顺序，就无法正确

掌握日语的语法。

在惠子三岁左右那段时期，特别支援学校里主流的教学方法是唇语。妹妹上学的时候，聋人学校也是以唇语为中心。现在的主流是从小教授手语。这些方法有各自的好处，尤其是有助于提升孩子的表达能力，但普遍认为这些方法很难提高他们的写作能力。惠子在写作和交流中之所以能够正确地使用日语，我想是因为从小她就在语言教室接受训练。虽然妹妹从一开始读的就是聋人学校，但我是参考惠子来教妹妹的，我觉得在语言学习这方面我做了正确的选择。

我想见证惠子的人生轮廓

问：惠子在二十一岁的时候开始学习拳击。两位当时对此有什么想法呢？

父　亲：一开始我觉得她还是无法无天。岁数也不小了，还那么任性。我觉得她应该找点正经的事情做，比如像其他女孩那样找个对象，或者培养一个女孩子的爱好。

母　亲：我完全没有反对。当然我知道她耳朵听不见，但我认为一个人如果想快乐地活着，她需要做一些事情来感受活着的意义。只不过惠子找寻的结果是拳击，仅此而已。但是我怎么也没想到她竟然成了职业选手。

父　亲：惠子成为职业选手后，我的想法发生了改变。之前我觉得她只不过是一时兴起，但成为职业选手后，她找到了目标和意义。我明白了她在朝着没有遗憾的人生前进。如果没有遇见拳击，恐怕她的结果会不太乐观。她现在的生活有了目标和人生路径，现在再回想惠子在过去所经历的痛苦，我会觉得是值得的。

母　亲：爸爸说得没错。可一到她比赛，就……

问：有很多父母坚决不看自己的女儿比赛。

母　亲：我很能理解。很难看下去。看两个女孩子在台上把彼此揍得头破血流，太残忍了。惠子的职业赛首战没有那么严重，第二场比赛的时候打得很激烈，我觉得她随时都可能被扔出去。我知道她打比赛的过程很痛苦，但她依然选择成为职业选手，之后的路会更辛苦。作为母亲，要去接受女儿的这个决定，我的内心非常挣扎。实际上在第二场比赛结束后，我对惠子说过，要她离开拳击。

父　亲：我的亲戚们一开始对惠子"还在继续拳击"的事情感到很无语。但当我告诉他们，女儿成了职业选手，在后乐园大厅打比赛的时候，对方瞬间就开始对惠子刮目相看。再加上报纸报道了惠子的事，周围人的看法也因此发生了很大的转变。

母　亲：我们两个人只觉得她在默默地坚持练习而已。当然，能做到每天都坚持训练是很了不起的事情。现在很多媒体都报道她，认可她，我想这些也反过来支撑着她前进。我真的觉得惠子运气很好。在很多事情上都得到了很多人的帮助。

父　亲：我呢，我希望能够看着她人生之路最终将抵达的地方。惠子过去经历了很多。我期待她走出过去，筑成未来，创造令人振奋的结果。我心里当然也担心她，但另一方面又期待着她在比赛中的表现。

从左往右依次为母亲、父亲、作者（拍摄于2011年4月）

语言教室里的难忘回忆

—— 恩师·和田幸子

冷静观察他人言行的惠子

我认识惠子是在1993年4月。因为我当时在川越市立初雁中学的语言学习教室"通级指导教室"负责辅导惠子的语言学习。

通级指导教室是在日本全国的中小学内实施的特别支援教育制度的一部分。

特别支援年级还有一个名称是"残障儿童年级"，这是在学校的普通年级之外单独开设的年级。然而通级指导教室有一些不同。有智力障碍、肢体障碍、听力障碍、视觉障碍以及情绪障碍等诸多身体机能障碍的儿童，每周在接受普通教育年级的授课之外，也需要在通级指导教室度过一定的时间，通过在这里的学习克服自身面临的各种问题。

升入中学后，学生们都忙于平时的年级活动、社团活动，在全国范围内开设通级指导教室的学校数量呈现出了下降的趋势。但与之相反，开设通级指导教室的小学在增多。出现这样的现象是因为，随着社会对儿童发育障碍的认知度越来越广，自然会有越来越多的学校开始设置专门的教室，为有发育障碍的儿童提供相应的教育。通级指导教室的出现有着上述社会背景。

然而，并不是所有的学校都有通级指导教室。川越市内的话，只有初雁中学一所。当时有市里其他学校的学生坐电车和巴士来我工作的教室学习。

我以前是初雁中学的理科教师。当我得知通级指导教室的存在以及老师会在这里一对一、细致地指导学生后，我便希望自己以后能有机会当这里的教员。之后我考取了聋人学校和盲人学校的相关教学资格。机缘巧合之下，我回到了初雁中学，成了这里的通级指导教室的教员。

在我工作的第一年，来到我所在的语言学习教室进行学习的，就是刚升上中学二年级的惠子。语言学习教室主要面向有听力障碍、口头表达问题，或因为口齿无法正常交流的儿童，为他们提供语言学习指导。我个人在教学里除非是特别微妙的表达会用笔，其他交流几乎都是用唇语，也就是用口语表达来进行。

惠子读唇语的能力很强，说话发音也很好。她说话的样子和班上的其他人几乎没有什么差别，所以很多人不会意识到她有身体缺陷。但正因为这样，她也更容易遭到误解，在与人交流上吃了很多亏。

惠子来的那一年，我印象中，包括她在内，初中二年级有三名学生，总共有四到五名学生在语言学习教室学习。他们几个人里面，惠子的性格尤其沉稳，她会冷静地观察别人的言行举止。她对事物有好奇心，有旺盛的求知欲，还很擅长发现现象与现象之间的关联性。简单来说，就是个很聪明的孩子。我们教员里也有人用"聪慧"这个词来形容惠子。

桌上的"洋梨"画

要说惠子的才能,她画画是超乎常人地好。惠子的审美有别于其他学生,我记得她的画还得过奖。

关于惠子的画,有一件事我至今都印象深刻。

那时我刚来这里工作没多久,我和惠子一对一上课,首先检查了她的语言运用能力和发音情况。直白地说,就是按部就班地把我在职业培训课上学到的教学指南付诸实践。

当时惠子的感受一定是:"我到这里来不是为了听你讲这些东西的。我想让老师了解的不是这个。"之后又过了一段时间。某天,我看到惠子在教室的桌上放了一张纸,然后走了出去。

我觉得她的举动有些奇怪,于是走到桌前把纸拿起来。纸上画着一个洋梨。

洋梨,意思是"跟你没关系"。[1]潜台词是我这个老

---

[1] 洋梨的日语发音"ヨウナシ"和表示"不关你的事"的"用無し"一词
    发音非常接近。这里是暗指惠子觉得老师的指导不符合自己的期望。

师被学生"开除"了。

当时我感觉自己被狠狠地摆了一道（笑）。这学生真聪明。

这件事之后，我再也没有按照教学指南里所写的那样去指导学生。学生的用词、发音是次要的，作为老师首先要做的事是认真倾听，否则教学无从谈起。当我明白惠子那张画的含义后，内心产生了强烈的挫败感，但这是我的工作，我不可以逃避。我开始仔细听惠子的表达，在此基础上和她建立关系。

大概是在她初三的时候，惠子开始向我敞开心扉，包括向我倾诉家庭里出现的矛盾。但她不会抱怨，只是告诉我发生了这样那样的事情。我感觉她在心里已经接受了发生在自己生活中的事情。

很长一段时间，我都保存着惠子用细腻的笔触画下的那张洋梨画，作为对自己的警戒，告诫自己教学不能只按照老师一个人的节奏进行，而是要按照坐在眼前的学生的节奏。每次看到那张洋梨的画，我都对自己这样说。

逃课去语言学习教室

　　大概是初三暑假前的那段时间，惠子几乎每天都来我的语言学习教室。原因是她感觉自己在班里被孤立了。

　　有一次，她班里的老师联系我说"惠子不见了"，我到处找，最后发现她藏在教学楼通往顶楼楼梯的平台角落。这件事前后的那段时期，惠子变得彻底不去自己的普通班级上课。从早上8点半的上学时间开始，一直到下午3点放学，她一直都待在语言学习教室。

　　至于她一个人呆在语言学习教室，都在做什么呢？我记不太清楚了。大概在我有时间的时候，我们会一起聊天，如果我有别的学生的课，她就去隔壁的备用房间里画画。午饭也是拜托工作人员送到语言学习教室，我陪着她吃。

　　进入初三下学期，另一位和惠子同年级、同样有听力障碍的女生也变得无法参加普通班级的课程，于是两个人就结伴来语言学习教室。现在，对不去学校和抗拒上学的学生来说，保健室是学校里的临时居所，有的学校还为此设置了咨询室。惠子当时没有咨询室，也许语言学习教室的存在发挥了类似的作用吧。

有听力障碍的孩子不得不面对很多困难。他们虽然听不见，但依然用尽全力、用自己最大的努力去迎合周围的人。如果周围的同学做出对此缺乏理解的行为，会很容易让这些孩子的努力功亏一篑。学生心理受到重创之后，经常会变得心力交瘁，无法再回到普通的课堂环境，他们很少是因为叛逆才不去上课。

当时惠子的班主任高桥老师是一位年轻、很有热情的女教师，她很关心惠子的情况。不过惠子是一旦决定了某件事就不会回头的性格，高桥老师的心意很难传达给惠子。惠子决定转学去聋人学校的时候，高桥老师很可惜地说"好不容易在普通的学校念到这里"。当时年级里几乎所有的老师都对惠子转学感到很遗憾。"惠子学习成绩优秀，真希望她能在喜欢的事情，比如绘画上继续学习。很可惜。"话虽如此，但惠子本人在心理上已经拒绝了这里，已经不可能在这里念书了。

我想惠子应该有过很多不愉快的经历吧。但是，从她现在的成就回看她走过的路，她选择的人生是正确的。这条路是惠子在苦恼中不断思考，迈出脚步，一步一步走出来的。

惠子成为职业拳击手的事，我一点也不知情。

惠子的母亲因为这本书的出版而给我打来了电话，我是从她口中听到的。刚听到的时候，我有点吃惊，但是心里某处又觉得这似乎是注定的。

得知惠子打拳的消息

中学时代的惠子身上有一些特别的东西。我很难用语言去描述，但是她的体内确实蕴藏着特别的东西。另外她也有很强的毅力。所以当我听到她在打拳的时候，会觉得是她体内那个特别的东西和拳击相遇了，就一下子理解了。

我从来没有看过女性打拳击，更无法想象惠子战斗的样子。这一定对身心都是巨大的挑战。我听说惠子是一边工作一边打拳的，更打从心里佩服她。

今年（2011年）的元旦，我收到惠子的班主任高桥老师寄来的贺年卡，上面写着"小笠原同学上了报纸。看到她不断地努力，我真高兴"。高桥老师没有提到拳击的事。前几日和惠子见面的时候，我提到了高桥老师的贺年卡，告诉她高桥老师一直惦记着她。

那时候惠子什么也没说。可是第二天，她给我发了手机邮件，里面写着"我想邀请高桥老师来看我比赛"。惠子昨天回家后，一定想了很久吧。

我把惠子的话原封不动地转告给高桥老师的时候，高桥老师特别地开心，说"我一定去给她加油"。

（本文为口述）

和田幸子老师（左）和作者（拍摄于2011年4月）

我希望她在拳台上撞击自己的灵魂

—— 馆长·佐佐木隆雄

我对她说过"你会听见的"

惠子刚来我们拳馆的时候，几乎不怎么说话。

我呢，一定会让拳馆的学员们在进馆前和练习结束出馆的时候，大声地打招呼。

惠子刚开始来的那阵子，低着头，支支吾吾地挤出了一句"请……多……指教"，之后就一直保持沉默。这样的状态持续了几个月。

不过她一直很认真地来馆里练习。有天我问她："你到这里来是想成为职业选手吗？"结果她用小到几乎听不见的声音回答："不论如何我都想成为职业选手。"这是我们第一次真正意义上的交谈。

我问她："你的耳朵是什么时候开始听不见的？"她说："我一生下来就听不见。"

对于拳击选手来说，耳朵听不见是致命的缺陷。这意味着她无法接受战术指导，也听不见裁判员的声音。没有比这更危险的事了。这些不是苦练就可以克服的。但是否参加比赛，除了选手本人能做决定之外，周围的人无权干涉。惠子需要努力让自己能够"听见"，最终由她自己来决定。

虽然惠子说她生下来耳朵就听不见，但我告诉她"你会听见的"。她当时一脸难以置信的表情。接着我提高音量对她说：

"惠子，耳朵完全失聪是不能打拳击的。因为这样既听不见裁判员的中止指令，也听不见开打的宣告。教练教你也会非常困难。但是，如果你真的决定要学，我会想办法教你。反过来，你必须让自己听见，哪怕只是一点声音。我的眼睛看不见。但我用了好几年的时间，让我自己能够看见。明白吗，惠子？任何事情，只要你拼命去做，一定能做到。"

我说这些话的目的是想让她扔掉对自己的纵容。

大约八年前，我丧失了视力

大约八年前，我丧失了视力。

当时我家附近发生了一起火灾。大家怀疑火灾的起因可能是未成年人在屋内抽烟，烟头成了火源。那次事情之后，每当我看到抽烟的小孩子，都会厉声加以制止。或许和这件事情有关，某天，我的后脑勺突然被谁狠狠地砸了一记，导致脑梗复发。眼睛突然就看不见了。

医生告诉我"（视力）没有恢复的可能。光是活下来就已经是奇迹中的奇迹"。医生放弃我的治疗后，剩下的事情就只有靠自己了。我相信我的体内蕴藏着"气"的力量，我拼命努力让自己的视力好转。换句话说，我反抗着"失明"的现实。

现在，之前一直笼罩在我眼前的漆黑的浓雾褪为灰色，我也可以辨别不同的颜色。

我开这家拳馆已经有三十九个年头。一路过来，"挑战"这个词一直写在我的心里，它也挂在拳馆的墙上。所以，人不能退缩。"惠子请你也试着坚强，勇敢地挑战自己。"我对她说过。

总之，第一件事是你把嘴张开，大声说"啊喔鹅，衣乌迂""我是、小笠原、惠子"。你每天早上起床后试试看，在拳馆的时候试一试大声跟大家打招呼。之后没过多久，惠子变得开始主动跟人说话。我问她："你最近怎么了，是不是能听见了？"她回答说："我能听见了。"这样一来，我才决定让她参加职业拳击手的资格考试。

听说之前好几家拳馆都否定了她想成为职业选手的愿望。如果惠子一直是当初她刚来时的样子，我也不会让她参加比赛。正因为她为了能够开口交谈，为了能听见声音而一直不懈地努力，我才决定送她去参加职业考试。

当我刚开始跟委员会说起惠子的情况时，的确感觉很难实现。我也跟有着丰富经验的老裁判员沟通过，对方问起惠子是否能在对抗练习中正确回应裁判员的指示。我就让这位裁判员来看惠子的对抗练习。惠子没有出现任何问题，那一场她还获得了直接击倒胜利。

十八岁开始的拳击生涯

也许别人会好奇我这个失明的人怎么指导耳朵听不见的惠子，实际上没有任何障碍。我刚失明的那阵子确实很辛苦，但现在我已经在长年教学中积累了磨练出的感觉。

我十八岁的时候进了自卫队体育学校，也是在那里开始学习拳击的。十九岁还是二十岁的时候我参加了社会人士业余拳击选手大赛，拿了冠军。但我的视力本来就不是很好，做不了职业选手。接着在二十岁左右，我当上了拳击教练，之后一直做着教练的工作。教业余选手，教职业选手，三十九年前创办了自己的拳馆。拳击选手丰岛政直[1]在很长一段时间内都保持着连续在第一回合取得击倒胜利的记录，他是我的第一位学生。

如果要算上业余选手时期，那我教过的学生数都数不过来。所以我知道怎么和人接触，也知道其中的困

---

[1] 丰岛政直，1968年出道的日本拳击选手，他一度保持着连续5次在60秒内KO对手的记录。

难。我也看得出来学生身上有怎样的资质。

虽没有天资，但具备资质

惠子身上有的是拳击手的资质，但她的天资是0。资质是从人身上天然具备的东西中诞生的。天资是一个人身上带有的适合这项竞技的东西。惠子身上没有任何东西是适合这项竞技的。我没说错吧？她腿短，头也大（笑），速度也慢。

但是她有资质，所以应该发挥她这方面的优势。

惠子是个难得的好孩子。为人温柔，具备人之所以为人的品质。她是一名女性，却坚定地想进入男性主导的拳击世界，简单来说就是她有超强的毅力。她本人的性格里有好胜和坚忍不拔的一面。我的任务就是让惠子发挥自己的资质。

还有一点就是本人要有"积极前进的精神"。在竞技运动的世界里，特别是像惠子这样生来就背负着身体缺陷的人，如果没有积极前进的精神是不行的。所以，我现在依然会时不时对她说：

"惠子，如果你以积极的精神面对人生，前方的路一定会向你敞开。我们来训练吧。你的名字叫惠子，大概天生就是要参加训练的吧。[1]"（笑）

第二场比赛结束后，惠子来找我谈话，说自己想"退出"。

"当你觉得失去信心的时候，不应该站上拳台。这段时间里你非常努力。辛苦了。请你尽快做决定吧。"我对她说。她休息了一段时间后，找到馆里的经理，告诉他"自己不想退出"。其实我心里知道她会这么做。

这是她心理上对自己的纵容。她希望在训练的时候得到我的鼓励，受到夸奖。可我的工作是指导，不是夸奖。

她说过自己讨厌挨打。可是从一开始她心里就是知道的，比赛就会挨打。所以我特意告诉她："听好。成为职业选手意味着要承受痛苦。不是挠几下痒痒那么简

---

[1] 惠子的名字日语发音为"ケイコ"，和表示练习、训练的词语"稽古"（ケイコ）发音相近。

单，你能克服一切阻碍坚持下去吗？"

面对我的质问，她很认真地回答："能。我会努力。"

比惠子强的选手有很多。比如她第二战的对手，比赛第二天打电话过来对我说"昨天很感谢。我会更加努力训练，在下一场比赛中战胜惠子"，这位选手的毅力令人刮目相看。如果再打一场，也许获胜的人就不是惠子了。所以拳击这项运动，没有斗志的人只能离开。我之所以对惠子说，你可以退出，就是想告诉她这个道理。我不是只对惠子这样说，对迄今为止我教过的所有拳击选手，我都说过同样的话。"没有斗志的人只能离开。"

不过，如果话说得太重反而会打击学生的热情，因此我叮嘱拳馆里的女教练态度要放得柔和一些。

拳击的关键是无声的魄力

虽然惠子的处境不是真的像在地下埋了七年的蝉，但她辗转好几家拳馆，一直没有机会参加比赛，然后突然聚光灯都对准了她，我想这一切一定异常炫目吧。现在她好像已经有一点感到困惑。不过她骨子里是个开朗的孩子，性格直率，天真烂漫。我嘴上说是孩子，其实已经是三十岁的人了（笑）。惠子是一位性格单纯、招人喜欢的女性。最重要的是，她怀揣着信念。

不过，作为拳击手所应该有的信念在她身上还不够。她还不完全够格。不过比以前成长了很多。

当她真正拥有了身为拳击手的信念时，那么就算一言不发，别人也能从她身上感受到魄力。拳击最重要的就是无声的魄力，而不是嘴上说应该这样那样。拳台是一片方形的丛林。没有魄力的人不应该站在台上。一直以来，我都在拳台边上感受着台上的气魄。因此，尽管我眼睛看不见，但我知道台上的选手在进行怎样的战斗。

我认为绝对的真实乃是"气场"。在丛林中，最有气场的动物是老虎对吧。所以它被称为百兽之王。最近也有人用"光环"这个词来形容，但是我更喜欢将周围环境也包含在内的"气场"一词。真希望有一天在惠子的比赛上也能感受到这样的气场。

我已经是六十六岁的人了，很难理解女孩子的世界，所以我也不知道惠子对拳击还会坚持多久。不过，惠子从出生开始就经历了不同于常人的成长历程，我想，灵魂栖息在她的存在本质里。我期盼她能在拳台上尽情地撞击自己的灵魂和魄力。我衷心地期望。

　　　　　　　　　　　　　　　　（本文为口述）

增补　观看与想象 [1]

—— 伊藤亚纱×小笠原惠子

身体感受与交流之间

伊　藤：首先我想跟您聊聊电影《惠子，凝视》，您看
　　　　过影片后有怎样的感想呢？

小笠原：我第一次看的是无字幕版，第二次是戴着字幕
　　　　眼镜看的。第三次看的是直接带字幕的版本。
　　　　还是看带字幕的最有意思。

---

[1] 2022年，日本导演三宅唱以本书为底本，拍摄了电影《惠子，凝视》（ケ
　　イコ　目を澄ませて）。影片入围当年的柏林电影节，并获得日本《电影
　　旬报》杂志"日本电影部门"年度十佳首位。本篇采访是电影在正式上
　　映后，对本书作者进行的最新采访，收录于青土社2022年12月发行的文
　　艺杂志《尤里卡》（ユリイカ）中。为补充作者最新的状态和思考，特此
　　增补收录。—— 编注

伊　藤：对您来说，带字幕的电影最方便理解吧。

小笠原：我必须要看字幕。我上幼儿园的时候第一次看了《E.T.》，后来几乎没有再看过国外电影。日本国内的电影几乎不带字幕，对我来说很无聊。

伊　藤：《惠子，凝视》作为电影作品，您觉得如何？

小笠原：我头一回觉得日本电影这么棒。尤其是主演岸井乃雪的演技真的太棒了。我感觉电影里刻画的人物就是我。女主角的行为、面部表情等地方让我觉得很像我自己。这部电影开拍之前我和岸井没有直接见过面。光靠想象能够达到这样的完成度，我觉得是天才之举。

伊　藤：看到自己出现在银幕里面，您觉得奇怪吗？

小笠原：我在看的时候，会想起自己的曾经，然后就哭了。昨天看第三遍的时候也看哭了。

伊　藤：其实我很想知道您过去的经历。现在您听声音是怎样的感觉呢？

小笠原：戴着助听器的话，在1米左右的距离内能听见声音的存在。但是分辨不清声音的内容，也不知道是谁、在哪个方向说话。

伊　藤：有一些听力障碍者长大之后会选择摘掉助听
器。您现在依然佩戴助听器的原因是觉得哪怕
听不清楚，但还是能听见一点声音比较好吗？

小笠原：我现在继续从事着格斗技工作。我到拳馆后，
换衣服的时候会把助听器取下来。运动的时候
不会戴。如果戴着它我的心会乱。摘掉助听
器，在安静的状态下，我能更加集中精力。

伊　藤：您的听觉从小到现在有变化吗？

小笠原：我的听力在下降。我还记得小时候听到的《哆
啦A梦》里歌曲的歌词。

伊　藤：您到初中都一直读的是普通学校，从高中才进
入聋人学校读书。在《别认输，惠子》这本
书里您写道，在高中，您可以用手语和周围
人交流，这样的转变反而让您不再认真听别人
讲话。

小笠原：学会手语后，我才感觉到和别人的交流变多
了。那个时候我意识到自己本身不喜欢说话，
也不擅长听别人说话。

伊　藤：能够运用手语进行交流，也意味着他人能够进入到自己的心里。当时您产生过想把"他人"从自己心里赶出去的想法吗？

小笠原：大概是有的。

伊　藤：我正在做关于口吃、结巴患者这一人群的研究。我自己也是这样，口吃患者无法流畅地进行语言表达，总感觉正想说的时候，喉咙却像被上了锁一样。

小笠原：这和心理状态有关吗？

伊　藤：有这方面的原因。发育性口吃分为几个阶段，最开始的阶段是从词语的重复开始。比如，想说"桌子"，却说成"zhu zhu zhu zhu 桌子"。如果本人对自己的缺陷感到不适，不想让别人发现自己口吃的话，喉咙反而会更紧张，以至于完全说不出话。看到其他人口若悬河，自己却不能流畅地表达。这种落差会形成心理上的壁垒。很多口吃人群都说感觉自己被禁锢在这道墙内。

我想当初您无法加入别人的交谈时的感受，和口吃人群的这种感受是不一样的。您是什么感受呢？

小笠原：我在小学到初中的时候对此感到非常紧张，不过进入社会之后就不在意了。有时候别人会笑话我的发音奇怪，碰上这种情况我就跟大伙一起打趣。

伊　藤：您这个办法真好。不过，不论是表达方式，还是表达的意思，手语和日语都不一样。这就导致选择以哪一种语言为基点，思考方式也会随之发生改变。对您而言，第一语言是日语还是手语呢？

小笠原：是日语。

伊　藤：是因为您小时候使用的是日语，自然而然成了您的第一语言吗？

小笠原：因为我用手语的时候很少。像在公司这样的地方我主要用纸和笔来沟通。书写需要用日语。我在思考和自言自语的时候也都是用日语。

伊　藤：您在用日语表达的时候，有产生过无法恰当地用语言表达自己心情的感受吗？

小笠原：我不会在意这点。我会用书写、说话、肢体语言的方式，直到表达出我想表达的意思。

伊　藤：电影中有一个镜头是惠子翻看母亲拍下的比赛照片，这个场景让人印象深刻。您在生活中有没有通过物件，而非语言，来了解到他人感受的经历呢？

小笠原：这很难说。用相机拍照也就是拍下自己看到的景象。我的母亲来看我比赛的时候，赛场上的激烈让她非常震惊，以至于她拍下来的照片晃得厉害，几乎没有一张是拍清楚的。但是从她抖动的手，以及就算如此母亲依然没有放弃拍照的这个事实中，我能想象出母亲的心情。

伊　藤：与其说照片中记录的是您，它们更像在记录母亲的心境。另一位患有先天性听力障碍的人士告诉我，自己成长在双亲都是听人的家庭环境，对父亲的了解是通过阅读他的藏书来完成的。我了解到原来还有这样的沟通方式。我们和身边亲近的人很少有深度沟通的机会。在每天的日常生活中，我们会以为自己很了解身边的人。然而，生活中存在这样的时刻，在某一瞬间，我们会突然明白对方内心深处的真实所想。

小笠原：有这样的时候。

伊　藤：您在《别认输，惠子》中写道自己很喜欢画画。您最近在画画吗？

小笠原：新冠疫情期间在家工作的时间变长，那段时期我久违地打算画点东西。我买了画笔和颜料，可是画不出来。我的头脑中无法很好地制造出笔下的意象。

伊　藤：您上一次画画是什么时候呢？

小笠原：我直到初三那段时间几乎每天都在画画。画画的时候我可以进入自己的世界，很快乐。

伊　藤：我上高中的时候，午休时间经常呆在生物教室里画动物标本。所以我很明白您说的进入自己的世界的那种感受。不过，为什么现在您无法进入画画的状态呢。

小笠原：也许是长时间打拳击的关系，心态发生了变化。

伊　藤：以这样的方式意识到自己的变化，我觉得很有意思。也许您退出拳击后又会继续画画。

小笠原：现在我除了拳击还在练习巴西柔术和柔道。等我的身体动不了了，可能我又会开始画画。

伊　藤：您有从小一直珍爱的物件吗？

小笠原：这倒没有。

伊　藤：您给我的感觉是净身闯天涯。有的人三十多年来一直珍藏着小时候的玩偶。电影的表现手法是通过拍摄人物生活的环境、珍视的物件来展现人物的内心。我想知道您是否也有某一件物品寄托着自己的内心，所以才问了您刚才的问题。

静谧之中，孑然一身

伊　藤：回到话题的最初，您为什么会进入拳击的世界呢？

小笠原：我的父亲以前打过拳击，所以我们以前经常在家里做出拳练习。受这段经历的影响，我带着对拳击的好奇心度过了成长阶段。我喜欢有动作元素的电视节目，我还特别喜欢超级舰队系列的作品。我想我从一开始对拳击就是抱有兴趣的。

伊　藤：也就是说您很直接地进入了拳击的世界。我从狩猎师那里听说，虽然狩猎是猎人追逐猎物，最后把它杀掉的过程。但为了追捕成功，猎人必须深刻地思考对手，也就是猎物的存在。拳击也是如此，对手虽然是敌人，但如果不能理解对手就无法取得胜利。理解对手，我认为是解读对方是怎样的人，有着怎样的拳击风格。拳击并非简单地把自己的暴力施加在别人身上，而是包含了类似与人交流的部分。

小笠原：拳击的目的是获胜，所以和狩猎还是有些不一样。我通过获胜，证明了自己就算耳朵听不见也可以打拳击。我很满意自己做到了。但是现在依然有很多拳馆会拒绝听障人群的入会申请。真不甘心啊。

伊　藤：也就是说，殴打无非是手段。听您这么说，我感觉对于理解这一点，这部电影起了很重要的作用。我想询问您比赛时的身体感受。您在《别认输，惠子》中提到拳台上的静谧世界。您感受到的"静谧"，一方面源于您摘下了助听器，请问它是否也意味着精神层面上静谧呢？

小笠原：摘下助听器后，外界的声音、一切都无法触及我，所以我感受到静谧。

伊　藤：虽然外界的声音无法传入耳朵，但会不会反而在意起原本听不见的声音呢。比如纠结观众席上是不是有人在对自己喝倒彩。

小笠原：这倒没有。不过反过来，观众席为我加油我也不知道。

伊　藤：您摘下助听器后，是否也会有感觉赛场很吵闹的时候呢？

小笠原：我说不好。我跑步的时候也会把助听器取下来。如果戴着它跑步的话，耳朵里会听见脚步的声音，这让我心烦。如果有声音的话，我身体的节奏会乱。

伊　藤：身体在跑步的时候会随着震动的节奏吧。您是
　　　　怎么感知节奏的呢?

小笠原：对我而言,节奏和声音没有关系。在打拳击的
　　　　时候,我看着对手,身体根据对手的一举一动
　　　　而自然地调整动作。

伊　藤：再回到拳台上的静谧这个话题。您在书里还提
　　　　到身处没有声音的安静状态下,和对手进行对
　　　　打的感觉很像一对一的打架。一对一的感觉我
　　　　想是因为您不会意识到拳台外的一切,但为什
　　　　么您会产生像在打架的感觉呢?

小笠原：相比之下,对手能听见指导员的声音,能听见
　　　　台下的加油声,而我完全是自己一个人。这一
　　　　点让我感到恐惧。我想这是我觉得像在打架的
　　　　原因。

伊　藤：原来如此,对手能够听见外界的声音,因此不
　　　　论本人有多么地兴奋,也仍能保有或多或少的
　　　　冷静,所以有拳击比赛的实感。而您不一样。
　　　　您听不见外部的声音,因此情不自禁地对自己
　　　　可能会被兴奋的状态所完全淹没而感到恐惧。

是这个意思吗？

小笠原：是的。

细看河水流淌

伊　藤：接着让我们回到电影。电影标题的"凝视"，从您的身体感知来看，您觉得这个表达用得恰当吗？

小笠原：我也不知道。我这个人倒是总爱发呆。我喜欢看河。我家附近的河岸上修了跑道，我经常沿着河边跑步。

伊　藤："凝视"所表达的意思和发呆还是有些不同。凝视的状态是，尽管视线触及的范围很广，但注意力是集中的。观看者为了获取必要的信息而全方面地打开自己的感官。您看东西的时候会这样吗？比如在看河流的时候，您的视线会注意到鱼从水中跃起，或者河里飘着什么东西这样的细节吗？

小笠原：我经常望着河流想事情。如果河里漂着垃圾，我会一边盯着垃圾，一边想它是从哪里飘过来的。前段时间有一个很漂亮的头盔顺着河漂流过来。

伊　藤：这有点吓人呢（笑）。电影里的惠子很少说话，所以很难知道她心里在想什么。您刚才说的看着河面上的垃圾，想象它的来源，您的表述与其说是在表达情感，倒不如说直接体现了您的性格。这和比赛中的"看"是不一样的状态吧？

小笠原：一开始的时候我会看着对方的眼睛，慢慢地我就不再看了。拳击只用两个拳头进行战斗，现在我会看对方的拳头，那种感觉像在和对方的动作进行对话。

伊　藤：把视线固定在小范围内吗？手在动的时候，身体的其他部分也会随着动，我在想您是不是在捕捉对方的身体预兆？

小笠原：通过观察是能够知道的，比如看对方肩膀和腿的动作。对方的腰和腿是忽然向右还是向左下沉，身体也会随之产生不同形式的摇晃，我通过这样的方法来判断。

伊　藤：您看河中漂浮的垃圾时候，和您在比赛时看对手动作的时候，您觉得这两种情况下您的观看方式有不一样吗？

小笠原：怎么说呢。我这个人总是爱加以想象。河流的流淌和拳击比赛，两者的速度不一样，我想看的方式也不一样吧。

伊　藤：您说的想象，是在所见之物的基础上扩展自己的想象吗？

小笠原：比方说听人之间在聊天的时候，我观察他们的表情和嘴巴的动作、当场的气氛，然后想象他们正在聊什么。我和别人一对一交流的时候也是，我在听对方讲话的时候会通过观察对方的表情来想象他/她正在想什么。

伊　藤：原来如此。您说的想象指的是根据现有的信息来进行推断的方法。虽然动作的速度不同，但我认为您观察拳击比赛的对手的方式和您观察周围人的动作从而展开想象，这两种是类似的行为。

小笠原：没错。

伊　藤：“仔细看”，很多时候人们说这句话时要表达的意思是“仔细观察细节”。我自己对这句话的理解也容易掉入这个范畴。而您刚才告诉我的“仔细看”，并非是同样的行为。对于听不见的人的来说，“仔细看”的身体感受是用想象力去填补眼前所见的事物。刚才您说自己会去想象河水中的垃圾是从哪里漂流过来。正因为您习惯去想象，才会将思考拓展至此。我想这也是“仔细看”的含义。

（本文原刊于《尤里卡》
2022年12月号，青土社）

新版后记

本书在2011年首次出版发行，在2022年又发行了第二版。契机在于它被拍成了电影。电影以书为原型创作了原创剧本，取名《惠子，凝视》。主演是岸井雪乃女士，佐佐木会长则由三浦友和先生饰演。2022年上映。

小笠原惠子女士在本书发行后不久，就退出了职业拳击领域，但至今依然从事着格斗相关工作，开设了手语和格斗教室。在这十年间，佐佐木会长去世了，书中登场的人物也经历了各式各样的变化。

2011年，本书在东日本大地震这一严酷时期发行，又在2022年这一新冠疫情爆发后的严酷时期修订再版，很有象征意义。在很多人的价值观发生动摇、很容易丧失自信的时代，惠子小姐的生存方式或许能为各位带来活力。我期待电影和书都能被更多人看到，作为触发机关，带给人们更多思考。

筱田博之（创出版社长/月刊《创》主编）

守望思想　　逐光启航

光启

别认输，惠子

[日] 小笠原惠子 著

童桢清 译

策划编辑　余梦娇

责任编辑　余梦娇

营销编辑　池　淼　赵宇迪

装帧设计　山川制本 workshop

内文设计　李俊红

出版：上海光启书局有限公司

地址：上海市闵行区号景路 159 弄 C 座 2 楼 201 室　201101

发行：上海人民出版社发行中心

印刷：上海盛通时代印刷有限公司

开本：787mm×1092mm　1/32

印张：7　字数：95,000　插页：2

2023 年 11 月第 1 版　　2023 年 11 月第 1 次印刷

定价：59.00 元

ISBN：978-7-5452-1987-6/K·17

图书在版编目 (CIP) 数据

别认输，惠子 /（日）小笠原惠子著；童桢清译 .
—上海：光启书局，2023
ISBN 978-7-5452-1987-6

Ⅰ . ①别… Ⅱ . ①小… ②童… Ⅲ . ①小笠原惠子—
自传 Ⅳ . ① K833.135.47

中国国家版本馆 CIP 数据核字 (2023) 第 187888 号

本书如有印装错误，请致电本社更换 021-53202430

Makenaide!